POWRÓT DO PEŁNI ŻYCIA

Przewodnik dla młodych mężczyzn z zseksualizowanymi przywiązaniami

dr Floyd Godfrey

Redaktorzy:
Cori J. Gillespie
John McLean

Powrót do pełni życia

Przewodnik dla młodych mężczyzn z zseksualizowanymi przywiązaniami

© 2022 Wszelkie prawa do niniejszej publikacji należą do autora. Żadna część materiału chronionego niniejszą informacją o prawach autorskich nie może być powielana lub wykorzystywana w jakiejkolwiek formie lub w jakikolwiek sposób, elektroniczny lub mechaniczny, w tym poprzez fotokopiowanie, nagrywanie lub za pomocą jakiegokolwiek systemu przechowywania i wyszukiwania informacji bez pisemnej zgody właściciela praw autorskich, Floyd Godfrey, Healing & Recovery, LLC.

Copyright © 2022 Floyd Godfrey, PhD., Healing & Recovery, LLC Alle Rechte vorbehalten

Bearbeitet von Cori J. Gillespie und John McLean

ISBN: 9798218521813

Wydrukowano w USA.
Wydawca: Healing & Recovery, LLC

Zdjęcia na okładce: Cody & Calli Carlson, Abide Studios

Rekomendacje

„Powrót do pełni życia" stanie się modelowym podręcznikiem dla tych, którzy chcą pomóc chłopcom i mężczyznom pragnącym zrozumieć swoje zmagania. Autor bezpiecznie unika politycznych kontrowersji i przechodzi do sedna problemu - kim jestem? Publikacja ta, oparta na badaniach naukowych, wyznacza jasny kierunek do odbudowy życia. Dziękuję, Floyd, za ten uzdrawiający, niosący nadzieję dar."

Mary Anne Fifield, DMFT, CAS-R, CSAT, LMFT
Założycielka Addiction Recovery Center

"Nareszcie! Bardzo potrzebna książka dla nastoletnich chłopców, którzy borykają się z zagubieniem i wstydem związanym ze swoją seksualnością. Godfrey otwarcie dzieli się swoimi osobistymi doświadczeniami, nawiązuje autentyczny kontakt z nastolatkami i przedstawia te powszechne zmagania w zwyczajny sposób. Unika typowych religijnych "rozwiązań" i dostarcza rzetelnych informacji o tym, jak uzasadnione potrzeby podlegają seksualizacji. To studium zranień związanych z przywiązaniem i sposobów ich leczenia powinno być pomocne dla każdego terapeuty i duchownego, który naprawdę chce pomóc nastolatkom zmagającym się z własną seksualnością."

Marnie C. Ferree, LMFT, CSAT
Założycielka i dyrektor, Bethesda Workshops

"Dr Godfrey otwarcie dzieli się swoją osobistą perspektywą na to, co jest niezbędne w leczeniu problematycznych zachowań seksualnych u dorastających młodych mężczyzn. Ten podręcznik będzie służył jako podstawa wielu programów leczenia nastolatków w całym kraju."

Dr. Matthew Hedelius, Psy. D., LCSW, CSAT-S
Dyrektor założyciel Paradise Creek Recovery Center

"W końcu jest: poparta naukowo książka, która odnosi się do seksualności poprzez pryzmat ran przywiązania i potrzeb. Floyd przestudiował badania, zignorował kontekst polityczny i odniósł się do głębszych problemów. Książka ta zmieni życie tych, którzy zdecydują się na Wyzdrowienie".

John McLean, LPC, CSAT, Ppsychoterapeuta

"Bardzo osobista, szczera i wnikliwa książka. Odnosi się do też wewnętrznych zmagań młodzieży, która boryka się ze zranieniami związanymi z przywiązaniem i z niezaspokojonymi i zerotyzowanymi potrzebami emocjonalnymi. Jest to również zeszyt ćwiczeń, opisujący praktycznie proces powrotu do zdrowia, krok po kroku. Będzie on pomocny nie tylko dla osób zmagających się osobiście z zseksualizowanymi przywiązaniami, ale także dla osób zajmujących się pomocą zawodowo, jak i rodziców, którzy chcą pomóc swoim nastolatkom. Dziękuję Floyd za tę wspaniałą pozycję."

David C. Brown, Ph.D., LMFT,
Właściciel Deseret Counseling Center

"W mojej pracy z osobami o różnych orientacjach seksualnych rzadko spotykam osoby, które nie doświadczyły zranienia przywiązania. Często zdarza się, że zranienia te zmieniają nasze wzorce myślenia, schematy zachowań i mogą prowadzić do bolesnych przeżyć, takich jak depresja i niepokój. Gdy zaczynamy rozumieć naturę swoich potrzeb więzi i znajdujemy zdrowe sposoby na ich zaspokojenie, które są zgodne w sposób zgodny z naszym systemem wartości, odnajdujemy pokój i doświadczamy większej radości. Książka Floyda bada koncepcję przywiązania w odniesieniu do płynności seksualnej i identyfikuje kluczowe elementy przywiązania, które pomagają w głębszym zrozumieniu własnych uczuć, pragnień i zachowań."

Troy L. Love, LCSW, SATP
Autor książki "Finding Peace"

"Podręcznik ten jest pod wieloma względami całościowym podejściem do zrozumienia etiologii zaburzeń przywiązania i tego, jak mogą się one przejawiać na wiele sposobów przez całe życie. Praca ta jest zarówno poparta empirycznie, jak i zgodna z doświadczeniem klinicznym, czego oczekuje się od współczesnego terapeuty. Książka Floyda rzuca światło na kwestię, która głęboko przenika społeczeństwo. Floyd przedstawia temat z pasją i troską o tych, którzy starają się wyzdrowieć."

Eric Schultz, MFT, CSAT, psychoterapeuta

"Książka Floyda Godfreya Powrót do pełni życia rzuca światło na wiele zagmatwanych i trudnych etapów dojrzewania seksualnego i poszukiwań własnej tożsamości młodych mężczyzn. Wielu młodych mężczyzn jest emocjonalnie zdezorientowanych i brakuje im poczucia przynależności. Zalewają ich seksualne odczucia i fantazje. Nie są wystarczająco dojrzali. Aby w pełni stać się mężczyznami brakuje im mentoringu. Książka Floyda jest dla nich kompetentnym przewodnikiem, pozwalającym zrozumieć złożoność pociągu seksualnego, wyjść z problematycznych zachowań seksualnych i zaleczyć relacyjne zranienia. Floyd dzieli się swoimi osobistymi doświadczeniami, klinicznymi spostrzeżeniami z wielu lat specjalistycznej terapii osób zmagających się z problemami seksualnymi, a także tym, co mówi nauka na temat seksualności i przywiązania. Książka przestrzega czytelnika, by nie akceptował społecznych etykiet, ale raczej szanował siebie poprzez stopniowe i uważne odkrywanie siebie samego. Świat potrzebuje młodych mężczyzn, którzy są pewni siebie i widzą siebie we właściwym świetle. Ta książka wyznacza pewną ścieżkę prowadzącą do tego celu."

Shane Adamson, LCSW, EFT, CSAT
Dyrektor, Center For Marriage & Family Counseling
Gospodarz podcastu, Help for Loving Relationships

Podziękowania

Podręcznik ten powstał dzięki wielu klientom, którzy pomogli mi pogłębić zrozumienie zseksualizowanych przywiązań. Ich frustracja i dezorientacja zwiększyły moje pragnienie pełniejszego zrozumienia tego tematu.

Jestem wdzięczny również wielu współpracownikom, którzy umożliwili mi realizację tego projektu i wnieśli swój nieoceniony wkład i komentarze. Doceniam poświęcony czas, wysiłek i szczerość. Wasza pomocna krytyka była niezbędna w badaniach i konceptualizacji tego projektu, dr Maylin Batista, dr Mary Anne Fifield i dr Matthew Hedelius. Dodatkowo, czuję się bardzo pobłogosławiony dzięki opiece dr Moniki Breaux, która zainspirowała mnie do myślenia w nowy sposób i analizowania wyników badań z innej perspektywy. Dziękuję za Waszą wiarę, cierpliwość i czas poświęcony mi przy tym projekcie.

Specjalne podziękowania należą się mojej narzeczonej, Kaleen, która pozwoliła mi pracować, pisać i narzekać. Wysłuchała mnie, kiedy miałem wątpliwości czy wahania. Ogromne podziękowania dla moich braci i siostry, którzy zachęcali i wspierali mnie w różnych aspektach tej pracy. Na koniec, wielkie podziękowania dla moich dzieci, które były zmuszone żyć z ojcem, który bez przerwy mówił o badaniach nad seksualnością, a czasem zawstydzał je publicznie.

Spis treści

Uzasadnienie tego podręcznika

Pracowałem jako profesjonalny terapeuta z setkami mężczyzn, kobiet i młodych ludzi, którzy mieli zseksualizowane przywiązania. Zazwyczaj klienci ci przychodzili do mojego gabinetu przeżywając ból, konflikt i dezorientację. Często zmagali się z trudnościami z dzieciństwa, które wydawały się wpływać na ich zagubienie. Dzielili się osobistymi, czasami traumatycznymi historiami z przeszłości, które - jak podkreślali - przyczyniły się do ich bólu.

Moją uwagę zwróciła dr Lisa Diamond, która w 2008 roku napisała książkę na temat płynności seksualnej.[1] Podzieliła się w niej swoimi obserwacjami, że niektóre kobiety zmieniają pociąg w kierunku albo mężczyzny albo kobiety. Ta zmiana u niektórych osób doprowadziła ją do stworzenia koncepcji płynności seksualnej. Dr Diamond zauważyła, że dla niektórych kobiet miłość i pożądanie nie są wyłącznie heteroseksualne lub homoseksualne. Podtrzymała to stanowisko w 2017 roku i stwierdziła: "Istnieją wpływy genetyczne, ale nie są one deterministyczne. Istnieje wiele dowodów na tę płynność i zmianę w doświadczaniu pociągu do osób tej samej płci"[2].

Jej badania potwierdziły moje własne obserwacje kliniczne, że na seksualność niektórych osób ma wpływ różna dynamika emocji. W toku własnych badań wciąż natrafiałem na pojęcia wzorców przywiązania: bezpiecznego, lękowo-ambiwalentnego, lękowo-unikającego i lękowego stylu przywiązania. Podobnie jak koncepcja przywiązań seksualnych, która obejmuje takie kwestie, jak wiązanie traumy, powtarzanie traumy i ponowne odtwarzanie traumy.

Zaintrygował mnie także Ritch Savin-Williams, gdy opublikował swoją książkę "Mostly Straight", w której zbadał płynność seksualną wśród mężczyzn. Miał on te same spostrzeżenia, co Lisa Diamond. Badał on czynniki biologiczne i psychologiczne, które łącznie wpływają na pociąg seksualny[3].

Podobnie Neil King zaobserwował schematy emocjonalne, które wpłynęły na seksualność[4]. Zauważył, że schematy pobudzenia często rozwijały się w określonej dynamice emocji i z czasem utrwaliły się.

---

1   Diamond, L. M. (2009). *Sexual fluidity: Understanding women's love and desire*. Cambridge, MA: Harvard University Press.

2   Martinez, L. (10. Februar 2017). *Professor strikes down 'born this way' argument for homosexuality*. https://badgerherald. com/news/2017/02/10/professor-strikes-down-born-this-way-argument-for-homosexuality/

3   Savin-Williams, R. C. (2017). *Mostly straight: Sexual fluidity among men*. Cambridge, MA: Harvard University Press.

4   King, N. (2000). *Childhood Sexual Trauma in Gay Men*. Journal of Gay & Lesbian Social Services, *12(1-2)*, 19-35.

Spędziłem kilka lat współpracując z innymi profesjonalistami; niektórzy uważali, że silniejszy jest wpływ środowiskowy, a niektórzy – że silniejszy jest wpływ genów. W niektórych przypadkach specjaliści ci mieli silne osobiste przekonania polityczne lub religijne. Słuchałem i uczyłem się od obu grup, a po dalszych badaniach zdecydowałem się napisać ten podręcznik.

Obawiam się, że dorośli i młodzież określają siebie jako nienormalnych lub zepsutych, gdy doświadczają objawów zseksualizowanych przywiązań. Czasami ludzie mają pociąg homoseksualny, biseksualny lub inny, którego z góry nie można określić jako wrodzony. Niestety, wydaje się, że założenie o wrodzonym charakterze pociągu seksualnego jest obecnie często przyjmowanym założeniem niedoświadczonych terapeutów.

Walcząc o równe traktowanie, lobbyści i aktywiści dążą do zmian społecznych mających na celu zwiększenie akceptacji i ograniczenie dyskryminacji. Zmniejszenie dyskryminacji i niechęci wywarło pozytywny wpływ na społeczeństwo. Z drugiej strony w tym otoczeniu kulturowym wielu ma wątpliwości, czy w ogóle warto badać wpływ emocji na pociąg seksualny, gdyż obawiają konsekwencji zawodowych Niektórzy terapeuci i badacze porzucają rozważanie czynników niegenetycznych, by uniknąć politycznego skandalu.

W tej sytuacji pociąg seksualny klientów determinuje etykiety, jakie im się nadaje, bez pełnego zrozumienia tego, co dzieje się w ich wnętrzu. Ludzie, którzy doświadczają zseksualizowanych przywiązań, mogą nie mieć pojęcia o swoich deficytach emocjonalnych lub zranieniach w relacjach. Mogą żyć nie mając świadomości swoich niezaspokojonych potrzeb lub doświadczonych zranień związanych z różnymi przywiązaniami. Ten podręcznik jest efektem moich starań, aby pomóc młodym mężczyznom i terapeutom w zrozumieniu objawów i zakresu zseksualizowanych przywiązań, a także w znalezieniu recepty na wyzdrowienie i odbudowę życia.

Przedmowa

Zanim zaczniesz

Podręcznik ten ma Ci pomóc zrozumieć kwestie związane z przywiązaniami do innych ludzi, które uległy seksualizacji. Dowiesz się o ich przyczynach i objawach. Temat dotyczy mnie osobiście. Sam doświadczyłem dezorientacji związanej z tymi trudnymi kwestiami, a także pracowałem z setkami młodych ludzi, którzy również zmagali się z podobnymi problemami. Publikacja ta powstała po to, aby pomóc Ci poradzić sobie z tymi wyzwaniami.

Podręcznik może służyć jako przewodnik, ale nie zastąpi wsparcia ze strony drugiego człowieka. Będzie miał mocno ograniczony wpływ bez wsparcia i wskazówek ze strony innych ludzi. Aby uzyskać trwalsze rezultaty, zdecydowanie polecam, żebyś przerobił ten podręcznik z profesjonalnym terapeutą oraz bliskimi Tobie osobami, którzy mogą Ci udzielić wsparcia. Zapewnij sobie w trakcie tego procesu możliwość kontaktu z innymi osobami, a odniesiesz długoterminowy sukces w emocjonalnym zdrowieniu. W podręczniku poruszane są różne tematy, które mogą wywołać burzę emocji. Niektóre z nich mogą być dla Ciebie nowe. Obecność kogoś, z kim możesz o tym porozmawiać okaże się nieoceniona, gdy zaleją Cię różne emocje. Niektórzy młodzi mężczyźni czują się przytłoczeni ich intensywnością. Jest to normalne. Nie bój się szukać pomocy, której potrzebujesz.

Wyzdrowienie wymaga kontaktu i więzi z ludźmi, których kochasz i którym ufasz. Wymaga, abyś zadbał o ich wsparcie. Musisz nawiązać głębsze i bezpieczniejsze relacje, których Ci dotąd brakowało. Zatem zanim zaczniesz... znajdź kogoś, kto może Ci towarzyszyć, gdy będziesz czytał tę książkę i poznawał nowe treści.

Rozdział 1

Rozpacz i nadzieja

Byłem małym dzieckiem, kiedy wpadłem do basenu u mojej babci. Spanikowałem i szukałem czegoś, czego mógłbym się chwycić, ale moje ciało zsunęło się pod powierzchnię wody. Walczyłem, by utrzymać głowę na powierzchni, łapiąc powietrze i gorączkowo kopiąc nogami. Inni siedzieli sobie spokojnie przy basenie, ale mnie nie widzieli. Byłem przerażony. Nie panowałem nad sobą. Nie mogłem oddychać. Przerażenie zawładnęło moimi myślami.

Podobne przerażenie pojawiło si, gdy po raz pierwszy zauważyłem seksualne zainteresowanie w stosunku do innych chłopców. Tonąłem w takim sensie, że ogarnęła mnie rozpacz. Czułem się zagubiony i przygnębiony. Pamiętam, że pytałem sam siebie: *"Dlaczego ja? Dlaczego Bóg miałby mi to zrobić?"*. Żyłem wiele lat pogrążony w chaosie, dopóki nie skontaktował się ze mną mentor. On także doświadczył podobnego zamieszania i niemal w tym utonął. Od najmłodszych lat zmagał się z uzależnieniem od seksu i dezorientacją. Ale dzięki wytrwałym staraniom, żeby sobie pomóc odkrył zamaskowane uzależnieniem swoje emocjonalne potrzeby i zranienia. Z pomocą żony, dobrego terapeuty i przyjaciół, pracował nad przyczynami swoich problemów i znalazł drogę do wyzdrowienia i integracji. Poznanie go było dla mnie prawdziwym błogosławieństwem.

Moja własna droga do wyzdrowienia rozpoczęła się na konferencji. Uczestniczyli w niej mężczyźni z całego kraju, pochodzący z różnych środowisk i mający różne problemy. Większość z nich zmagała się ze zranieniami seksualnymi i relacyjnymi. Jednak mężczyźni ci nie wydawali się zakłopotani ani zawstydzeni. Postrzegali siebie po prostu jako mężczyzn... to była ich jedyna wizytówka. Szczerze przyznawali, że różne zranienia i blizny sprzyjały poddawaniu się różnym pokusom seksualnym. Było oczywiste, że starali się przywrócić w swoim życiu pokój i równowagę. Stali się oni dla mnie inspiracją.

Jednym z najbardziej inspirujących momentów na tym wydarzeniu były osobiste świadectwa. Mężczyzna o imieniu Jeff wstał i opowiedział swoją historię rozwiązłości i izolacji. Jego styl życia sprawił, że czuł się samotny i nieszczęśliwy, przytłoczony i wyczerpany. Doświadczając wewnętrznego rozpadu Jeff próbował popełnić samobójstwo. Jednak po kilku nieudanych próbach zwrócił się o pomoc do profesjonalnego terapeuty. Powrócił do kościoła i znalazł tam miłość i wsparcie, których wcześniej nie doświadczył. Podjął zdecydowane starania, by doświadczyć uzdrowienia i odbudować swoje życie. Historia Jeffa bardzo mnie poruszyła. Dobrze rozumiałem jego zmagania i emocje.

Później w trakcie tego wydarzenia terapeuta wyjaśnił mi, na czym polega seksualizacja przywiązania i jak znaleźć uzdrowienie. W moim sercu zaczęła rodzić się nadzieja. Konferencja ta zmieniła moje życie. Przez całe życie zmagałem się z problemami, których nie mogłem zrozumieć. Wewnętrzne zamieszanie i wstyd zdominowały mnie i nie mogłem dostrzec głębszych potrzeb i zranień w moim sercu. Moja dusza była spragniona więzi i przyjaźni; moim sercem targały silne emocje. Odkrycie ukrytych potrzeb emocjonalnych stało się punktem zwrotnym w moim życiu. Rozpacz zamieniła się w nadzieję.

W tym podręczniku dzielę się moim osobistym doświadczeniem wychodzenia z uzależnienia od seksu i uzdrawianiu przywiązań do innych osób, które uległy erotyzacji. Nie ma dwóch identycznych historii życia i moja nie będzie dokładnie jak Twoja. Jesteś wyjątkowy, masz własne doświadczenia i inną osobowość. Nie skupiaj się na różnicach między naszymi doświadczeniami. Szukaj podobieństw do własnych doświadczeń. Wierzę, że czytając i analizując pytania na końcu każdego rozdziału, zauważysz podobieństwa między naszymi historiami. Pozwoli Ci to lepiej wyznaczać cele i zdrowieć.

Pamiętaj, że jest to podręcznik. Przeczytaj go dokładnie. Nie spiesz się; przeczytaj go na spokojnie. Porozmawiaj o tym, co jest w nim dla Ciebie nowe z zaufanymi osobami. Szczerze i uczciwie odpowiedz na pytania znajdujące się na końcu każdego rozdziału. Pomoże Ci to lepiej dostrzec problemy, które potrzebujesz rozwiązać lub zachowania, które warto zmienić. Staniesz się bardziej świadomy siebie, gdy zidentyfikujesz w swoim życiu niepokojące Cię kwestie.

Powodzenia w tej podróży. Uwolnienie się od wewnętrznej dezorientacji, obsesyjnych myśli, pragnień i zachowań jest wyzwalające. Ja znalazłem wyzdrowienie, podobnie jak tysiące innych mężczyzn i kobiet. Ty też możesz.

Rozdział 2

Szkoła podstawowa

Zawsze czułem się inny, ale nie potrafię wskazać, kiedy to się dokładnie zaczęło. Moja dezorientacja musiała zacząć się bardzo wcześnie. Pamiętam dzieciństwo pełne silnych emocji. Matka powiedziała mi, że byłem bardzo wrażliwy. To sprawiało, że karanie mnie było niepotrzebne, ponieważ szybko sam się podporządkowywałem. Wiedziała, że jestem nieśmiały i czasami niespokojny. W towarzystwie nieznajomych trzymałem się kurczowo jej nogi i chowałem się za nią. Ale już w otoczeniu znajomych mi osób byłem towarzyski i lubiłem się bawić.

Pamiętam, jak zamknąłem się w sobie, gdy zacząłem chodzić do przedszkola. Ledwo skończyłem pięć lat, więc byłem prawie rok młodszy niż większość innych dzieci. Wszystko było nowe i obce, a ja nie wiedziałem, jak się w tym wszystkim odnaleźć. W szkole podstawowej chłopcy często bawili się w berka podczas przerw. Rzadko do nich dołączałem. Nie znałem ich zabaw i bałem się, że zostanę zraniony.

Pewnego dnia na przerwie usiadłem na ziemi, wyrywałem trawę i bawiłem się nią, przesypując przez palce, obserwując grupę chłopców kopiących piłkę. Kilku z nich podeszło i zapytało, czy chcę z nimi zagrać. Czułem się niezręcznie i nie wiedziałem, co im odpowiedzieć. Próbowali mnie przekonać, więc w końcu się zgodziłem. Podeszliśmy do innych chłopców i podzieliliśmy się na drużyny. Pewność siebie zmieniła się w zakłopotanie, gdy zostałem wybrany jako ostatni. Gdy gra się rozpoczęła, instynktownie zachowywałem się niezdarnie. Byłem przekonany, że wszyscy mnie obserwują i oceniają. Jeden z chłopaków był wysoki i bardzo wysportowany. Wyglądało na to, że wszyscy go lubią. Patrzyłem na niego i myślałem: *"Chcę być taki jak on"*. Porównywałem się i byłem zazdrosny. Czułem się nie na miejscu i nie chciałem już grać.

Przestałem spędzać czas z chłopcami podczas przerw i znalazłem grupę dziewcząt. Skakaliśmy przez skakankę i wspinaliśmy się na drabinki. Czasami odgrywaliśmy sceny z Gwiezdnych Wojen. Zawsze nalegałem na odgrywanie roli Luke'a Skywalkera, ponieważ postrzegałem go jako silnego, odważnego i popularnego. Czułem się bardziej komfortowo podczas tych zajęć, ponieważ były bezpieczne i nie wprawiały mnie w zakłopotanie. Mogłem po prostu być sobą i nie musiałem zabiegać o uwagę. Stało się to moją zasadą, że unikałem chłopców i ich zabaw, a łatwiej nawiązywałem relacje z dziewczynami. Tak było bezpieczniej.

Na początku każdego nowego roku szkolnego nadal trzymałem się tej zasady. Kiedy czułem

---

się niepewnie lub byłem niespokojny, unikałem chłopców i ich dynamicznych gier. Wszedłem w wygodny i bezpieczny schemat. Wybierałem zabawę z dziewczynami lub trzymałem się na uboczu. Schemat ten uległ przerwaniu, gdy moja rodzina przeprowadziła się do nowego miasta pod koniec piątej klasy.

Mój ojciec był bardzo religijny i rygorystyczny, jeśli chodzi o trzymanie się z dala od *"pokus świata"*. Miał legalistyczne podejście do religii, a nasza rodzina nigdy nie opuszczała nabożeństw. Moralne standardy zachowania były dla niego bardzo ważne. Uważał również, że powinniśmy spotykać się tylko z osobami o podobnych wartościach i zasadach moralnych. Zrozumiałem przekaz mojego ojca jako oczekiwanie, by oddzielić się od niechrześcijan i unikać wszelkich złych wpływów.

Obserwowałem dzieci z sąsiedztwa bawiące się razem i pragnąłem być z nimi. Czasami wołały mnie, bym do nich dołączył, ale zawsze podawałem jakąś wymówkę. Kiedy odwracałem się plecami i odchodziłem, powtarzałem w myślach prawdziwy powód, dla którego nie chciałem się bawić: *"Oni nie chodzą do kościoła i nie wyznają chrześcijańskich wartości – muszę być lepszy od nich"*. Ten wewnętrzny przekaz uniemożliwiał mi dostrzeżenie jakichkolwiek podobieństw z dziećmi w sąsiedztwie lub w szkole. Z czasem dzieci te przestały zapraszać mnie do zabawy, a ja stawałem się osamotniony.

Na początku szóstej klasy niektórzy chłopcy w szkole zaczęli *"chodzić"* z dziewczynami. Wyrażali zainteresowanie, kiwając głową lub przekazując sobie karteczki podczas zajęć. Większość chłopców prawie wcale nie nawiązywała relacji z dziewczynami, z którymi chodzili. Później zauważyłem, że to zachowanie było zwykłą młodzieńczą eksploracją, ale moi rodzice i kościół wpoili mi, że flirtowanie jest niebezpieczne i powinno się poczekać do szkoły średniej. Postrzegałem dziecinne amory jako coś złego. Mój moralny niepokój był silny. Chłopcy grali w gry towarzyskie. Byli ciekawi i niewinni – a nie niemoralni czy grzeszni. Ale ja chciałem być *"dobrym chłopcem"*. Starałem się robić to, co według mnie podobało się Bogu i odmawiałem udziału w grach towarzyskich z dziewczynami. To moralne napięcie jeszcze bardziej oddalało mnie od rówieśników.

Ten moralny niepokój wkrótce stworzył barierę względem płci przeciwnej. Miałem relacje z dziewczynami tylko na stopie *"przyjacielskiej"*. Bałem się myśleć o nich romantycznie i byłem dla nich tylko kolegą. I w drugą stronę – odczuwałem niepokój i brak pewności w kontaktach z innymi chłopcami, co uniemożliwiało mi nawiązanie z nimi głębszych relacji emocjonalnych. Zdecydowanie bardziej komfortowo czułem się w kontaktach z dziewczynami i obawiałem się nawiązywania relacji z chłopcami.

Rozdział 2 Pytania

1. Jakie podobieństwa ze swoim życiem dostrzegłeś w powyższym opisie? Opisz szczegółowo swoje doświadczenia.

____

____

____

____

____

____

____

2. Moje doświadczenie z chłopcami na przerwach miało ogromny wpływ na moje życie. Czy miałeś podobne doświadczenia? Napisz o wydarzeniach, które zapadły Ci w pamięć i dlaczego.

____

____

____

____

3. Jakie były Twoje doświadczenia kontaktów z dziewczynami w szkole podstawowej? Jak te uczucia różniły się od Twoich uczuć i doświadczeń w kontaktach z chłopcami? Opisz jedno z tych wspomnień.

Rozdział 3

Gimnazjum

W gimnazjum nadal pojawiały się okazje do nawiązywania przyjaźni, ale byłem nimi przytłoczony. Okres dojrzewania zwiększył moją niepewność i niepokój. Kiedy poszedłem do siódmej klasy, trzymałem się z dala od innych chłopców. Prawie nikogo nie znałem, gdy zacząłem naukę w gimnazjum. Desperacko pragnąłem mieć najlepszego przyjaciela i grupę kumpli. Chciałem spędzać z nimi czas, brać udział w zabawach i czuć akceptację w świecie chłopców. Po prostu chciałem przynależeć do grupy.

W gimnazjum stało się oczywiste, że niektórzy chłopcy rozwijali się szybciej niż inni. Niektórzy z nich przewyższali pozostałych fizycznie i byli wysportowani. Nigdy nie przyszło mi do głowy, że jestem prawie rok młodszy od moich rówieśników, dlatego bezlitośnie się z nimi porównywałem. Byłem chudy i drobny. Wstydziłem się swojego mniej rozwiniętego ciała i podczas ćwiczeń sportowych nie zdejmowałem koszulki. Nie chciałem, aby inni chłopcy dokuczali mi z powodu mojej wąskiej klatki piersiowej i ramion lub braku owłosienia na ciele.

Pamiętam chłopaka z zajęć wychowania fizycznego o imieniu Justin, który podnosił ciężary z jednym z trenerów w szkole. Justin nie był skrępowany w szatni. Chodził bez koszulki i napinał bicepsy, żeby się nimi pochwalić. Wszyscy chłopcy go podziwiali. Wyglądał na pewnego siebie i cieszył się popularnością. Był doskonałym sportowcem i każdy chciał przebywać w jego towarzystwie.

Kiedy zdałem sobie sprawę, że nie mogę konkurować z Justinem, ogarnęły mnie podziw i zazdrość. Chciałem być pewny siebie i podziwiany – chciałem być taki jak on. Czułem emocjonalne przyciąganie do Justina; podziw i zazdrość mieszały się z uderzeniem adrenaliny.

Kiedy w końcu zacząłem dojrzewać, czułem się jeszcze bardziej skrępowany. Unikałem brania prysznica w szkole, ale chciałem też przebywać z innymi chłopakami. Szatnia była miejscem, w którym chłopcy śmiali się, rozmawiali i żartowali ze sobą. Była to dla nich przestrzeń spotkań towarzyskich.

Pewnego dnia chłopak o imieniu Earl zaprosił mnie do dołączenia do drużyny zapaśniczej. Pamiętam, jak byłem przez niego zachęcany. Chciałem znaleźć powód, by mieć kontakt z nim i innymi młodymi mężczyznami, którym zazdrościłem. Wyobrażałem sobie swoje interakcje z kolegami z drużyny i posiadanie kumpli. Wyobrażałem sobie, że jestem wysportowany i podziwiany. Moje serce zaczęło szybko bić na myśl o tym, że mógłbym mieć kumpli. Chciałem spróbować, ale obawiałem się panującej w drużynie atmosfery. Pomimo mojego strachu i niepewności, Earl przekonał mnie, bym dołączył do drużyny.

W dniu pierwszego treningu umierałem z niepokoju i strachu. Pragnąłem być z innymi chłopcami, ale jednocześnie bardzo bałem się tego nowego doświadczenia. Podczas pierwszego treningu uważnie przyglądałem się innym chłopcom. Wyglądało na to, że wszyscy oprócz mnie wiedzieli, co mają robić. Byłem najmłodszy w drużynie i oczywiście byłem od nich niższy i mniej rozwinięty. Drużyna składała się głównie ze starszych chłopców, którzy byli fizycznie bardziej dojrzali.

W trakcie semestru unikałem treningów, aby ukryć swoją niezdarność. Czasami trener udzielał mi dodatkowej pomocy. Lubiłem to zainteresowanie, ale czułem się głupio, że byłem wyróżniany spośród innych. Na zawodach zapaśniczych siedziałem cicho na ławce, mając nadzieję, że nie zostanę zauważony. Z niepokojem czekałem na swoją kolej. Przewidywałem przegraną i wyobrażałem sobie własną porażkę. Na jednym z meczów zapaśniczych wygrałem walkowerem, gdyż mój przeciwnik złamał reguły gry. To było straszne. Zadawałem sobie pytanie: *"Czy walkower to jedyny sposób, w jaki mogę wygrać?"*. To spowodowało, że moja samoocena spadła, a mój umysł zaczęły wypełniać słowa przepełnione wstydem: " Nie jestem wystarczająco dobry; nie nadaję się; coś jest ze mną nie tak; nikt nie lubi mnie takiego, jakim jestem".

Po treningu cała drużyna musiała wziąć prysznic przed powrotem do domu. Szkoła miała w szatni wspólny prysznic z natryskami na ścianie. Byłem nieśmiały, jeśli chodzi o zdejmowanie ubrań, więc kiedy reszta drużyny się rozbierała, czasami udawałem, że idę w kierunku prysznica, po czym wracałem do swojej szafki, żeby trener tego nie zauważył.

Inni chłopcy nie mieli problemu z nagością. Rozbierali się, rozmawiali i żartowali ze sobą pod prysznicem. Czasami nawet dokuczali sobie nawzajem lub wymyślali różne zabawy. Trener w pewnym momencie przyszedł rozdać ręczniki i kazał im się pospieszyć. Sprawiali wrażenie pewnych siebie i nie przeszkadzało im, że inni chłopcy widzą ich bez ubrań. Zastanawiałem się, jak mogą być tak zrelaksowani. Kiedy brałem prysznic, było widoczne, że inni chłopcy mieli więcej mięśni, włosów na ciele i innych fizycznych cech męskich. To tylko mnie onieśmielało i potęgowało moją zazdrość, ponieważ byłem młodszy i mniej rozwinięty. Zwiększało to moje poczucie bycia innym niż wszyscy. Chciałem być częścią zespołu, ale moje obawy powodowały, że się wycofywałem.

To był mój ostatni sezon zapaśniczy. Pod koniec siódmej klasy moja rodzina przeprowadziła się na drugi koniec kraju. Zacząłem nową szkołę w innym mieście i wszystko zaczęło się lepiej układać. Grałem na pianinie i rozwijałem się muzycznie. Grono moich przyjaciół zaczęło się poszerzać, a ja poczułem się bardziej komfortowo w grupie, choć nadal częściej niż chciałem trzymałem się na uboczu. Często obserwowałem innych chłopców uprawiających sport i czułem, jak w moim sercu rośnie podziw, zazdrość i chęć porównywania się z nimi.

Marzyłem o sobie jako o bardziej wysportowanym, rozwiniętym fizycznie, towarzyskim i muskularnym – i coraz częściej myśli te zaprzątały moją głowę.

Często siedziałem w klasie i fantazjowałem o posiadaniu idealnego ciała, grze w drużynie baseballowej, śpiewaniu solówek w chórze i gronie podziwiających mnie kumpli. Zacząłem nawet uwielbiać sposób, w jaki chłopcy ze sobą współdziałali. Stworzyłem w swoim umyśle obraz tego, jaki powinien być *"fajny"* facet: towarzyski, popularny, uprawiający sport, dobrze wyglądający i rozwinięty fizycznie – czyli wszystkie te cechy, co do których byłem przekonany, że ich sam NIE posiadam. Moja koncepcja idealnej męskości nie pasowała do mojego postrzegania samego siebie. Moja koncepcja płci wydawała się niezgodna z tym, kim naprawdę byłem.

Rozdział 3 Pytania

1. Co w tym rozdziale odnosi się do Ciebie? Bądź precyzyjny.

2. Jak Twoje wyobrażenia "idealnego mężczyzny" mają się do Twoich wyobrażeń o sobie?

3. Czy kiedykolwiek czujesz się gorszy lub mniej znaczący od innych osób tej samej płci? Opisz to proszę.

4. W jaki sposób Twoje doświadczenia z rówieśnikami tej samej płci wpływają na aktywności, które decydujesz się podejmować?

5. Czy kiedykolwiek doświadczyłeś w szatni czegoś, co wprawiło Cię w zakłopotanie lub spowodowało dyskomfort? Co się wydarzyło?

Rozdział 4

Szkoła średnia

Kiedy zacząłem szkołę średnią, obawiałem się, że coś jest ze mną nie tak. Pojawiające się odczucia seksualne wprawiały mnie w zakłopotanie. Doznania te były jednocześnie ekscytujące i odrażające. Moi rodzice nigdy nie przekazywali mi wiedzy na temat seksu i dojrzewania, a brak informacji doprowadził do obsesyjnych pytań i ciekawości. Nie rozumiałem tych pragnień i wstydziłem się ich. Często moje zainteresowania dotyczyły chłopców, których podziwiałem lub którym zazdrościłem. W moich fantazjach stawałem się jednym z nich. Brakowało mi męskiej przyjaźni. Potrzebowałem mieć kumpli i dobrych przyjaciół. Ten emocjonalny głód zaczął nabierać seksualnego charakteru.

Kiedy skończyłem piętnaście lat, byłem pełen niepokoju i zdeterminowany, by odwiedzić mojego biskupa, aby uzyskać duchową poradę. W tajemnicy poprosiłem o termin spotkania i udałem się do jego biura. Ćwiczyłem w myślach, co mam powiedzieć. Otworzył mi drzwi i zostałem zaproszony do środka. Usiedliśmy, a on rozpoczął luźną rozmowę. Potem zapytał mnie: *"W czym mogę Ci pomóc?"*.

Spuściłem głowę i zacząłem wiercić się na krześle. To był pierwszy raz, kiedy komukolwiek powiedziałem o swoim zagubieniu. Po raz pierwszy wypowiedziałem to na głos. Byłem przerażony i rozbolał mnie brzuch. Nie byłem pewien, jak opisać te seksualne odczucia, więc po cichu powiedziałem: *"Być może jestem gejem"*.

Biskup nie okazał zdziwienia i spokojnie odpowiedział: *"Dlaczego uważasz, że jesteś gejem?"*. Jego uprzejma odpowiedź uspokoiła mnie. Wyglądało na to, że szczerze się tym przejął.

"Cóż..." zacząłem się jąkać - *"Mam seksualne myśli o innych chłopcach. Nie wiem, co mam z tym zrobić. Możesz mi pomóc?"* Opowiedziałem mu o swoich fantazjach i fascynacjach. Był cierpliwy i słuchał uważnie. Drżałem ze strachu przed tym, co może sobie o mnie pomyśleć. Zawsze byłem postrzegany jako dobre chrześcijańskie dziecko, ale teraz ktoś dowie się prawdy. Byłem zmieszany i zdezorientowany, a może nawet bałem się, że będzie mną rozczarowany. Co on sobie o mnie pomyśli po tych wynurzeniach? Czekałem na jego reakcję i krytykę.

Ku mojemu zaskoczeniu zareagował z miłością i współczuciem. Powiedział: *"Większość chłopców w twoim wieku ma odczucia seksualne, które mogą być mylące. Te uczucia są dla ciebie nowe. Nie jesteś do nich przyzwyczajony. To normalne. Pomódlmy się razem, bądźmy blisko Pana i zaufajmy Mu"*. Zrzuciłem z siebie część ciężaru i poczułem ulgę, że mnie nie osądza.

Niestety, jego słowa pocieszenia okazały się chwilowe, ponieważ moja samotność, zazdrość, zawiść, niezadowolenie i głód kontaktu z innymi chłopcami nasilały się. W moich emocjach panował chaos. Byłem zdezorientowany i samotny. Mój niepokój przybierał na sile.

Udawałem szczęśliwego i dalej doskonaliłem swoje talenty muzyczne. Dołączyłem do drużyny pływackiej, ale unikałem większości dyscyplin zespołowych. W jakiś sposób pływanie wydawało mi się bezpieczniejsze niż takie sporty, jak koszykówka czy piłka nożna. Czułem się lepiej, ale w jakimś stopniu moje życie było puste. Tęskniłem za kontaktami z innymi młodymi mężczyznami. Zdecydowanie brakowało mi męskiego towarzystwa.

Jeśli chodzi o moich rodziców, to pogłębiał się dystans między mną a moim ojcem, podczas gdy pozostawałem w szczególnie bliskich relacjach z moją matką. Czasami ten dystans przeradzał się w złość i niechęć. Mój ojciec nigdy nie słuchał i rzadko przyznawał się do swoich błędów. Był zamknięty w sobie, szorstki i bardzo zawzięty. Było to dla mnie źródłem ciągłego rozdrażnienia. Mój ojciec z łatwością wyrażał krytykę i negatywne uczucia. Nic, co osiągnąłem, nie wydawało mu się wystarczająco dobre. Mój ojciec był zajęty swoją pracą i wykazywał niewielkie zainteresowanie moim życiem osobistym.

Ta sytuacja doprowadziła do powstania okropnej wady charakteru – zacząłem chować urazę. Przez wiele dni roztrząsałem słowa krytyki i pogardy ze strony ojca. Miałem na tym punkcie obsesję i odczuwałem złość. Nieobecność ojca w moim życiu osobistym była bardzo dotkliwa. Brakowało mi w życiu mentora i musiałem radzić sobie sam. Z biegiem czasu coraz łatwiej było mi nabrać dystansu do ojca. Rzadko się do mnie odzywał, chyba że chodziło o rozmowę na temat przestrzegania nauk Ewangelii. Chciał mieć pewność, że nie ulegam grzesznym zachowaniom, więc okresowo mnie sprawdzał. Ojciec był nieustannie pochłonięty swoją karierą. Często przynosił pracę do domu i wydawał się wiecznie zajęty lub zdenerwowany – był dla mnie nieprzystępny.

Łatwo też wpadał w złość. Był osobą dominującą w naszej rodzinie i sprawował autorytarne rządy w domu. Nikt nie śmiał kwestionować ani wnosić sprzeciwu wobec jego woli. Nie potrafił przyjąć krytyki, przyznać się do błędu ani przeprosić za cokolwiek.

Bałem się ojca i zapamiętałem sytuację, gdy sprzątał garaż. Z jakiegoś powodu obwiniał mnie o to, że zgubiłem jego młotek. Jednak po kilku minutach sam go znalazł. Jako młody, arogancki nastolatek skomentowałem to słowami: *"Więc to była twoja wina? Jakie to uczucie mylić się?"* W odpowiedzi kopnął mnie. Jego twardy but sprawił mi ból, a ja popłakałem się w środku, bo mnie to zawstydziło. Ale nie pozwoliłem na to, by mój ojciec zobaczył jakikolwiek ból. Nie chciałem dać mu tej satysfakcji.

Nigdy tak naprawdę nie poznałem mojego ojca... ani nie pozwoliłem sobie na to, by go spróbować poznać. Później zdałem sobie sprawę, że używał on zastraszania, aby utrzymać wszystkich członków rodziny w ryzach. Łatwo przychodziło mu zawstydzanie nas i wywoływanie w nas strachu.

Kiedy byłem w liceum, w poszukiwaniu duchowej pomocy spotkałem się z moim nowym biskupem. Nie potrafiłem rozmawiać z własnym ojcem i wolałem porozmawiać z kimś innym.

Podczas gdy ojciec traktował mnie protekcjonalnie, pastorzy w moim kościele zawsze wyrażali zachętę i wsparcie. Wydawali się cierpliwi i troskliwi. Wierzyłem w nauczanie Biblii, więc nieustannie modliłem się o Bożą interwencję. Moja wiara była silna i miałem nadzieję, że Bóg i jakieś cudowne wydarzenie pomoże mi w kwestii mojej seksualności.

Pewnego wieczoru po ciężkim dniu uklęknąłem przy łóżku i zacząłem się modlić. Natrętne myśli seksualne o innych młodych mężczyznach nasilały się i stawały się coraz bardziej obsesyjne. Pogrążałem się emocjonalnie i czułem się samotny. Modląc się błagałem: *"Proszę, Boże... powiedz mi, co mam robić! Boże, proszę... nie opuszczaj mnie"*.

Nie mogłem opanować emocji i szlochałem przy łóżku. *"Nie chcę być taki. Chcę być jak inni chłopcy. Chcę się ożenić i założyć rodzinę. Chcę, żebyś był ze mnie zadowolony. Pogubiłem się". Kiedy już przestałem zalewać się łzami, opadłem na łóżko. Po kilku minutach ogarnął mnie spokój. W moim umyśle pojawiły się bardzo delikatne myśli: "Wszystko będzie dobrze. Jestem tutaj"*. Przestałem łkać, gdy przyjąłem to przesłanie do serca.

Wróciłem do modlitwy, by kontynuować rozmowę: *"Boże, chcę Ci zaufać, ale co mam zrobić?"*.

Nie było odpowiedzi.

"Boże, proszę... co powinienem zrobić?"

Nic. Milczenie. Aż w końcu, po kilku chwilach oczekiwania, postanowiłem, że po prostu zapamiętam sobie te słowa w celu zachowania nadziei: *"Wszystko będzie dobrze"*. Podniosłem się i wczołgałem do łóżka. Byłem wyczerpany emocjonalnie i bardzo zmęczony.

Po zakończeniu roku szkolnego myśli o seksie nieustannie i intensywnie pojawiały się w mojej głowie. To było obsesyjne. Przekierowywałem te myśli na inne rzeczy i starałem się śpiewać hymny, zapamiętywać wersety biblijne lub w podobny sposób odwracać uwagę. Spotykałem się z dziewczynami, ale nigdy nie nawiązałem z żadną z nich romantycznej relacji. Pomysł pocałowania dziewczyny wydawał mi się obrzydliwy. Dla mnie dziewczyny były siostrami, przyjaciółkami i matkami, a nie obiektem romantycznych uczuć czy aktywności seksualnej. Z drugiej strony pragnąłem uwagi i uczucia ze strony młodych mężczyzn. Gdziekolwiek nie poszedłem, zaczynałem fantazjować o chłopcach i mężczyznach.

Po ukończeniu szkoły średniej moja rodzina znowu się przeprowadziła. Nie czułem się gotowy, by rozpocząć studia na własną rękę, więc pojechałem razem z nimi. Próbowałem odnaleźć się w nowej sytuacji i w nowym kościele. Zostałem zaproszony do służby na wyjeździe misyjnym, ale uznałem, że jestem zły i niegodny. Z kościoła miało pojechać kilku innych młodych mężczyzn, ale ja czułem się duchowo gorszy. Wmawiałem sobie, że Bóg nie chciałby, abym pojechał; że Bóg nie potrzebuje w służbie ludzi zdezorientowanych seksualnie.

Kiedy skończyłem osiemnaście lat, ponownie podzieliłem się moimi sekretami z nowym biskupem w tym nowym kościele. Podobnie jak poprzedni, był pełen miłości i współczucia. Kiedy dowiedział się, że nie powiedziałem nic moim rodzicom, zachęcił mnie do opowiedzenia im o moich zmaganiach. Przekonywał mnie, że powinni o tym wiedzieć, by zapewnić mi wsparcie. Przeraził mnie ten pomysł. *"Nie ma mowy! To okropne i nie zareagują na to dobrze"*. Borykałem się z jego radą przez kilka tygodni. Modliłem się o to. Wyobrażenie sobie tej ewentualnej rozmowy napawało mnie lękiem i bałem się ich reakcji.

Rozważałem w myślach inne możliwości. Przeanalizowałem różne opcje i w końcu zawęziłem je do trzech:

1. Potajemna ucieczka, by moja rodzina nigdy mnie nie znalazła.
2. Popełnienie samobójstwa, by rodzice nigdy nie dowiedzieli się o moim sekrecie.
3. Powiedzenie im o wszystkim i poproszenie o wsparcie.

Ucieczka nie wydawała się dobrym rozwiązaniem - nie miałem dokąd pójść. Zabicie się wydawało się łatwiejsze, ale bałem się, że będzie to bolesne i że mogę trafić do piekła. W końcu nie widziałem innego wyjścia, jak tylko powiedzieć rodzicom. Uspokojony zapewnieniami biskupa, zdecydowałem się to zrobić.

Aby zdobyć się na odwagę i powiedzieć rodzicom o tym, czego doświadczam, skupiłem się na swoich *"zaletach"*. Wydawało mi się, że podejmowałem dobre decyzje – byłem *"dobrym dzieckiem"*. Nigdy nie stwarzałem problemów w szkole. Moje oceny były doskonałe i otrzymałem wysokie stypendium na jednym z lokalnych uniwersytetów. Osiągałem dobre wyniki w szkole i wydawało się, że wszyscy mnie lubią. Przywódcy religijni uważali, że jestem wspaniałym wzorem do naśladowania dla młodszych dzieci. Chodziłem do kościoła w każdą niedzielę i starałem się być dobrym chrześcijaninem, zachowując biblijne standardy zachowania. Służyłem w duszpasterstwie dziecięcym i ogólnie starałem się udzielać jako wolontariusz.

Moje relacje z matką zawsze były dobre. Ufałem jej i czułem się przy niej bezpiecznie. Głęboko wierzyłem, że zrozumie moje rozterki i okaże współczucie. Z drugiej strony obawiałam się, że spowoduje to u niej jeszcze większy smutek. Byłem już świadkiem tylu przykrości w jej związku z moim ojcem. Ze względu na zimny i manipulacyjny sposób bycia mojego ojca, matka często się od niego odsuwała. Domyślałem się, że oboje się go boimy i jesteśmy zmęczeni jego brakiem wrażliwości. Okazywane przez nią w przeszłości współczucie dodało mi odwagi, by otwarcie mówić i prosić o pomoc. Wiedziałem, że jestem dla niej wyjątkowy i byłem pewny, że pomoże mi uporać się z tymi wyzwaniami.

W końcu poprosiłem rodziców by poświęcili mi trochę czasu. Zaprosiłem ich do mojego pokoju. Kiedy usiedli, poczułem, że robi mi się niedobrze. Bicie mojego serca było odczuwalne w całym moim ciele.

Z trudem łapałem powietrze. Przełknąłem ślinę i usiadłem na brzegu łóżka. Nieporadnie wymamrotałem: *"Myślę, że jestem gejem"*. Siedziałem przerażony, patrząc na nich i oczekując odpowiedzi.

Mój ojciec rzucił mi ironiczne, ale stanowcze spojrzenie i powiedział: *"Nie, nie jesteś!"*. Matka zwiesiła głowę i zaczęła obgryzać paznokcie. Jej oczy wypełniły się łzami. Byłem całkowicie sparaliżowany i niezdolny do wypowiedzenia choćby słowa. Moi rodzice zadali kilka pytań, ale co było potem pamiętam jak przez mgłę. Byłem w szoku. Mój ojciec całkowicie zaprzeczył, a matka była emocjonalnie zdruzgotana. Przebieg tego wydarzenia był dokładnie taki, jak sobie wyobrażałem – ojciec nie był w stanie mnie wysłuchać ani zrozumieć, a matka była zdezorientowana. Jedynym sensownym rozwiązaniem była opcja skorzystania z profesjonalnego poradnictwa. Jeszcze tego samego wieczora moja matka zadzwoniła do kościoła, a ja zostałem skierowany do terapeuty z pomocy społecznej.

Mój ojciec nie wracał do tego tematu przez kilka dni, kiedy to zabrał mnie na przejażdżkę. Oczekiwał wyjaśnień. Jechaliśmy pustą drogą wiodącą przez kanion znajdujący się poza miastem. Siedziałem w milczeniu w jadącym z dużą prędkością samochodzie. Czułem wstyd, ogromne napięcie i czułem się bezbronny. W pewnej chwili mój ojciec zapytał: *"Czy rozumiesz, co powiedziałeś?"*. W jego głosie słychać było obrzydzenie, chciał wiedzieć, czy rozumiem implikacje. W obrazowy sposób przedstawił zachowania homoseksualne i stwierdził: *"... to obrzydliwe... ale tobie się to podoba?"*.

Jego słowa były szorstkie i oschłe. Ton jego wypowiedzi przeraził mnie i siedziałem w milczeniu. Odżyły we mnie wspomnienia zastraszania trwającego przez wiele lat – ogarnęła mnie panika. Miałem nadzieję uniknąć dalszego przesłuchania. W mojej głowie pojawiły się natrętne myśli o byciu wypchniętym z samochodu lub porzuconym na pustyni. Już wcześniej porzucił mnie emocjonalnie, więc te natrętne myśli nie wydawały się jakieś szalone. Mój żołądek był ściśnięty i było mi niedobrze. Nie wiedziałem, co mam robić. Zostałem uwięziony w samochodzie. Próbowałem bronić się przed pytaniami, kłamiąc. Starałem się ukryć swoje zmieszanie, ale on nie przestawał mnie wypytywać. Wydusiłem z siebie, że chcę wrócić do domu. Zamiast postarać się mnie zrozumieć, pouczał mnie przez całą drogę powrotną do domu.

Moja udręka skończyła się, gdy dotarliśmy do domu. Widziałem pytający wzrok mojej matki, gdy szedłem do swojego pokoju. Byłem zbyt roztrzęsiony, żeby płakać, więc położyłem się na łóżku, czując ogarniające mnie odrętwienie i samotność. Nie chciałem z nikim rozmawiać. *"Czy moja matka nie mogła tego przewidzieć? Czy nie mogła czegoś zrobić, by nie dopuścić do konfrontacji i upokorzenia?"* Resztę dnia spędziłem w swoim pokoju. Osamotniony. Sam. Niepewny. Przygnębiony. Opuszczony.

Wkrótce potem rodzice wysłali mnie do terapeuty znanego z tego, że pracował z nastolatkami. Podczas każdej sesji przekazywał mi swoje spostrzeżenia i podnosił mnie na duchu.

Dobrze było mieć kogoś, kto słucha bez krytykowania i osądzania. Rozmowa przyniosła mi ulgę i uwolniła mnie częściowo od wstydu. Niestety, podstawowa terapia oparta na rozmowie okazała się niewystarczająca, bym mógł zrozumieć moją dezorientację. Brak przeszkolenia terapeuty w tym temacie uniemożliwiła postępy. Wizyty u tego terapeuty nie pomogły wyleczyć emocjonalnych ran ani rozwiązać kwestii przywiązania. Nie uzyskałem żadnych wskazówek, jak się odbudować. Przypuszczam, że terapeuta nie znał nawet podstawowych koncepcji związanych z procesem zdrowienia.

Po około roku terapii po prostu przestałem na nią chodzić. Ona mi nie pomagała. Ten sam terapeuta przyznał kilka lat później, że nie wiedział nic o uzależnieniu od seksu lub o zseksualizowanych przywiązaniach i po prostu próbował dodać mi otuchy.

Rozdział 4 Pytania

1. Co poruszyło Cię w tym rozdziale? Napisz o swoich podobnych uczuciach lub doświadczeniach. Opisz je dokładniej.

2. Czy w tym rozdziale poruszono kwestie, które stanowią dla Ciebie problem? Z jakimi kwestiami borykasz się TERAZ?

3. Czy rówieśnicy tej samej płci uczestniczą w aktywnościach, których Ty unikasz?

____

____

____

____

____

____

4. Opisz swoją relację z ojcem.

____

____

____

____

____

____

____

5. Opisz swoją relację z matką.

6. Jakie widzisz różnice w relacjach z każdym z rodziców?

7. Co musiałoby się stać, abyś zwierzył się komuś ze swoich rozterek??

Rozdział 5

Odnajdując odpowiedzi

Po pierwszym roku studiów wyjechałem na misję do Ameryki Południowej. Przepełniał mnie entuzjazm i nadzieja. Chciałem podobać się Bogu. Chciałem nauczać Ewangelii i służyć ludziom, ale miałem też nadzieję, że Bóg w magiczny sposób uleczy moje seksualne zainteresowania. Modliłem się, aby pobłogosławił mnie za poświęcenie swojego czasu na służbę i dzielenie się Ewangelią. Podchodziłem do tego czysto transakcyjnie, oczekując, że zasłużę na jakieś magiczne błogosławieństwo. Nie rozumiałem działania łaski i starałem się zapracować na swoje poczucie wartości.

Przed wyjazdem musiałem spotkać się z profesjonalnym terapeutą, aby mógł ocenić moją stabilność emocjonalną. Wahałem się ze względu na moje wcześniejsze doświadczenia z poradnictwa. Zgodziłem się jednak, by kościół mógł rozpatrzyć moją aplikację. Terapeuta stwierdził, że jestem stabilny psychicznie i kościół pozwolił mi wziąć udział w programie. W tamtym momencie wierzyłem, że tylko sam Bóg może uzdrowić mnie z moich seksualnych skłonności i miałem nadzieję, że wyjazd na misję będzie okazją do zasłużenia sobie na Boże błogosławieństwo.

Pojechałem do Ameryki Południowej i zamieszkałem wśród miejscowej ludności. Przez cały czas zmagałem się z popędem seksualnym. Czasami myśli o seksie opanowywały mój umysł i trudno mi było zachować duchowy spokój. Byłem jednak zajęty i poświęcałem się służbie. Pracowałem w jadłodajniach, budowałem domy, organizowałem nabożeństwa i nauczałem ludzi na temat Ewangelii. Było to satysfakcjonujące i rozwijające doświadczenie. Służyłem pilnie i gorliwie modliłem się, by Bóg był zadowolony z mojej służby. Zafascynowany Ewangelią sukcesu, nadal wierzyłem, że dzięki posłuszeństwu zostanę uzdrowiony.

Niestety po powrocie zdałem sobie sprawę, że moje popędy seksualne nie uległy zmianie. Ku mojemu przerażeniu nie nastąpiła żadna cudowna przemiana. Ciężko pracowałem dla Boga, a On mnie nie uzdrowił. Moja wiara w Boga powoli zaczęła słabnąć. Spotkałem się z innym terapeutą i znalazłem się w tym samym ślepym zaułku. Wyglądało na to, że nikt mnie nie rozumie.

W tym momencie uznałem, że mogę być seksualnie anormalny. Nie mogłem pozbyć się wrażenia, że coś dzieje się w mojej głowie. Odczuwałem ciekawość seksualną w stosunku do innych młodych mężczyzn, ale po prostu nie czułem, żeby to była moja tożsamość.

Pewnego dnia, po kolejnej bezowocnej sesji terapeutycznej, nowy terapeuta powiedział mi o grupie wsparcia organizowanej przez mężczyzn zmagających się z uzależnieniem od seksu. Pomyślał, że może dzięki towarzystwu innych mężczyzn, którzy zmagają się z problemem seksualności udałoby mi się znaleźć odpowiedzi na moje pytania.

Zdecydowałem, że nie zaszkodzi sprawdzić, co mają do powiedzenia. Do udziału w grupie podchodziłem ze sceptycyzmem i wątpliwościami.

Ku mojemu zaskoczeniu, grupa nauczyła mnie pewnych pojęć, które zmieniły moje życie. Desperacko szukając odpowiedzi, w końcu udało mi się je znaleźć. To był punkt zwrotny. Po raz pierwszy usłyszałem, jak ktoś mówi o koncepcjach wychodzenia z problemu w sposób, który był sensowny. Nie chodziło o magiczne lekarstwo czy zmianę – chodziło o wyzdrowienie i odbudowę. Chodziło o to, by nauczyć się żyć inaczej. Mniej koncentrowaliśmy się na myślach o seksie, a bardziej na zdrowym trybie życia. Dużo rozmawialiśmy o potrzebach emocjonalnych i zranieniach – poszukiwaniu możliwości rozwoju i wyzdrowienia. Chodziło o nauczenie się rozpoznawania niezaspokojonych potrzeb i wzrastanie przez ból i traumę.

Wysłuchanie historii mężczyzn, którzy zrozumieli na czym polega zdrowienie, dało mi nadzieję. Mężczyźni ci odnaleźli pokój w swoim życiu dzięki zastosowaniu omawianych koncepcji zdrowienia. Nie kryła się za tym żadna magia, tylko ciężka praca. Poruszało mnie każde słowo wypowiadane przez tych mentorów. W pewnym momencie spotkania grupy pojawiły się u mnie ból i emocje. Zacząłem się trząść i próbowałem powstrzymać łzy, więc wyszedłem na korytarz, by zrobić sobie przerwę.

Na korytarzu zobaczyłem jednego z mężczyzn, którzy tego dnia prowadzili zajęcia. Jako pierwszy opowiedział swoją historię o rozwiązłym i nieszczęśliwym życiu, które zmieniło się w życie pełne radości i pokoju. Był starszy ode mnie o jakieś dziesięć lat i to z nim mogłem najbardziej się utożsamić. Czułem jakby był moim starszym bratem, którego nigdy nie miałem. Nasze historie i doświadczenia wydawały się niesamowicie podobne. Podszedłem do niego i podziękowałem za podzielenie się swoją historią. W końcu musiało mu być ciężko ją opowiedzieć. Gdy podszedłem, spojrzał na mnie. Stałem tam przez chwilę, ale nie mogłem wydobyć z siebie ani słowa – po prostu zacząłem płakać. Objął mnie z wielkim współczuciem i powiedział: *"Wszystko będzie dobrze. Dasz radę."* Padłem w ramiona tego zdrowego mentora. Rozmawialiśmy jeszcze przez kilka minut, a on cały czas mnie pocieszał. Później wspominałem to doświadczenie jako jeden z pierwszych momentów, które dodały mi otuchy.

Przez kilka następnych lat gorliwie pracowałem nad zastosowaniem w moim życiu rozwiązań przybliżających mnie do wyzdrowienia, o których się dowiedziałem na grupie. Doświadczyłem wielu poważnych wyzwań i trudności. Zajęło mi to kilka lat ciężkiej pracy. Czasami zniechęcały mnie moje własne złe wybory. Czasami targało mną pożądanie i trudno mi było się opanować. W takich momentach życie bez seksu wydawało się niemożliwe. Czułem się źle i niegodnie i nie mogłem sobie wyobrazić, jak ktokolwiek mógłby mnie pokochać. Wciąż jednak podnosiłem się z upadków i pracowałem nad moim programem zdrowienia. Chciałem żyć normalnie i odnaleźć pokój. Nie chciałem się poddać.

W trakcie tej mojej drogi byłem wspierany przez nowych mentorów. Kiedy zacząłem działać w grupach wsparcia, poznałem innych mężczyzn z podobnymi doświadczeniami. Nierzadko mężczyźni ci mieli skłonności homoseksualne i nadal identyfikowali się jako osoby heteroseksualne.

Czasami uczucia te zmieniały się lub słabły podczas pracy nad swoją odbudową. Ale zrozumiałem też, że nigdy nie należy skupiać się na zmianach w pociągu seksualnym, a raczej na zdrowym trybie życia. Już nie czułem się odizolowany ani samotny.

W końcu znalazłem terapeutę, który był bardziej doświadczony i gotowy nauczyć się programu zdrowienia. Chętnie czytał materiały razem ze mną. Praca z terapeutą o otwartym umyśle dodawała mi energii. Zależało mu na czymś więcej niż tylko zachęcaniu mnie. Czytaliśmy razem o uzależnieniu od seksu i zseksualizowanych przywiązaniach. Cierpliwie wyjaśniał mi przyczyny przywiązania i pomógł mi poszerzyć moją samoświadomość. Omówiliśmy odtwarzanie traumy, wiązanie traumy i inne czynniki, które mogły mieć wpływ na moje zagubienie. Prowadził mnie w tym procesie, nie oceniając negatywnie żadnej z tych kwestii.

Wspierał mnie i pomagał poszukiwać odpowiedzi. Byłem głęboko wdzięczny za jego odwagę, która pozwoliła mi odkrywać własną tożsamość. Byłoby łatwo zaklasyfikować mnie jako geja, ponieważ miałem popęd seksualny do innych mężczyzn. On jednak podążył za moimi sugestiami i poprosił mnie, bym był szczery sam ze sobą.

Zseksualizowałem swoje potrzeby przywiązania i rany przywiązania

Zrozumiałem, że posiadanie odpowiedniego terapeuty miało ogromne znaczenie. Dzięki dobrej terapii znajdowałem odpowiedzi. Nauczyłem się nowych pojęć mających znaczenie w procesie zdrowienia i intensywnie pracowałem nad ich wdrożeniem w życie. Czytałem wszystkie dostępne mi książki w temacie, uczestniczyłem w dostępnych grupach i regularnie brałem udział w sesjach terapeutycznych. Zmieniałem się od wewnątrz i czułem to.

Pewnego dnia zdałem sobie sprawę, że moje seksualne napięcie zmniejsza się. Chociaż czasami nadal czułem pociąg, stanowczo zwalczałem seksualne kompulsje. Wpadki będące efektem uzależnia od seksu nie były rzadkością i zawsze sprowadzały mnie z powrotem do starych sposobów myślenia i odczuwania. Ale pomimo niepowodzeń nadal angażowałem się w proces odbudowy. Na nowo powstawałem. Dzięki zachętom ze strony mojego terapeuty zrozumiałem, że wyzdrowienie zawsze powinno być głównym celem mojego życia. Rozsądnie ostrzegał mnie, abym NIE oceniał sukcesu na podstawie orientacji mojego popędu seksualnego. Chociaż mógł zaobserwować zachodzące zmiany chciał, abym skupił się na zdrowieniu i odbudowie.

Jedno z najbardziej ekscytujących odkryć na mojej osobistej drodze ku wyzdrowieniu: obsesyjny pociąg seksualny rozwinął się w procesie seksualizacji zranień i potrzeb więzi.

Potrzebowałem przyjaźni i więzi (przywiązania) z innymi młodymi mężczyznami. Moje zranienia związane były z niską samooceną i odrzuceniem ze strony mężczyzn i chłopców. Zrozumienie wszystkich tych aspektów zajęło mi trochę czasu, ale kiedy już pracowałem nad emocjonalnymi przyczynami, stawanie na nogi stało się nową, ekscytującą przygodą. Z czasem stało się oczywiste, że fascynacja seksem była tylko objawem. Był to produkt uboczny głębszych problemów. Brakowało mi wspólnych doświadczeń z okresu dorastania, ale to odkrycie dało mi nową siłę. Nadało nowy kierunek mojemu życiu.

Mój krąg przyjaciół powiększał się wraz ze wzrostem mojej pewności siebie. Randki i spotkania towarzyskie stały się zabawne i ekscytujące, a nie przymusowe i wypełnione lękiem. Po kilku latach małżeństwo wydawało się bardziej możliwe. Poznałem dziewczynę z kościoła i nasza przyjaźń zaczęła się rozwijać; zaczęliśmy się spotykać. Opowiadałem jej o swoim dzieciństwie i emocjonalnym zagubieniu. Podzieliłem się moimi obawami dotyczącymi seksualności, ale zamiast się wycofać, zareagowała z życzliwością i współczuciem. Opowiedziała mi o swoim dzieciństwie i osobistych zmaganiach w okresie dorastania. Poczułem wtedy, że mnie rozumie i to nas zbliżyło. Bliskość emocjonalna wzrosła i stopniowo przerodziła się w uczucie, więc poprosiłem ją o rękę.

Małżeństwo było ważną częścią mojego życia, ale nieostatnim krokiem do wyzdrowienia. Moje dojrzewanie było ciągłym niekończącym się procesem. Wymaga ono czasu. To bardziej maraton niż sprint. Czasami może on być frustrujący i zniechęcający. Czasami dezorientacja seksualna powracała, ale nigdy z taką samą obsesyjną intensywnością. Czasami zniechęcałem się, ale dzięki pełnym współczucia mentorom kontynuowałem pracę nad a własną odbudową. Były wzloty i upadki, ale jestem wdzięczny za cierpliwą żonę, która wspierała mnie podczas tych zmagań. Zdaję sobie sprawę, że moje uzależnienie od seksu często było dla niej przytłaczające, ale nigdy mnie nie zostawiła i wciąż starała się iść do przodu.

Jestem wdzięczny mężczyznom, którzy mnie podnosili na duchu. Mężczyznom, którzy przetarli szlaki, realizując swój własny program zdrowienia. Byli dla mnie dobrym przykładem, ponieważ wprowadzili zmiany w swoim własnym życiu. Wciąż spotykam na swojej drodze kolejnych inspirujących mężczyzn z różnych religii i ras.

Wraz z żoną tworzymy wspaniałą rodzinę z trójką dzieci, które wnoszą do naszego życia wiele radości i przeżyć. Uwielbiam moją rolę ojca i spędzanie czasu z moimi dziećmi na różnych aktywnościach, takich jak: zawody pływackie, piłka nożna, turnieje taneczne, podróże, wakacje, biwaki, pływanie, mecze piłki nożnej, kluby kibica i duszpasterstwo młodzieży. Uwielbiam spędzać czas z moją małżonką i czuć jej delikatny dotyk, który emanuje współczuciem i cierpliwością.

W moim poprzednim życiu większość mojego czasu pochłaniały obsesje, fantazje, wstyd i izolacja. Teraz potrafię nawiązywać relacje z mężczyznami i kobietami w zdrowy sposób. Nie czuję się już zawładnięty ani zmanipulowany przez własne instynkty. Kiedy wyzdrowiałem, otworzyła się nowa mentalna przestrzeń myślenia o Bogu, mojej żonie, moich dzieciach, moich celach i marzeniach. Ta zmiana umożliwiła mi wejście w zupełnie nowy świat. Świat, w którym już nie boję się ani nie wstydzę tego, kim jestem. Chociaż czasami powracają wspomnienia z przeszłości, moje życie jest zgodne z najważniejszymi dla mnie wartościami i moralnością.

Nie nastąpiło magiczne uzdrowienie ani zmiana, o którą pierwotnie się modliłem, ale wciąż dziękuję Bogu za to, że mnie uratował. Kiedy byłem nastolatkiem, Bóg powiedział mi: *"Wszystko będzie dobrze. Jestem tutaj"*. Teraz widzę, że Bóg rzeczywiście był przy mnie przez cały czas. Podróż była bolesna, ale Bóg zawsze tam był. Jestem przekonany, że każdy, kto pragnie wyzdrowieć i podejmie wysiłek, może również doświadczyć tej radości. Może to potrwać dłużej niż byśmy chcieli, ale dzięki cierpliwości jest to możliwe.

Rozdział 5 Pytania

1. Jakie uczucia wywołał w Tobie ten rozdział?

2. Jakie pytania nasuwają Ci się w związku z treścią tego rozdziału?

3. Czy kiedykolwiek czułeś się zdesperowany w poszukiwaniu odpowiedzi?

4. Jak się czujesz, gdy czytasz o możliwości zmniejszenia niepokojów seksualnych?

5. Jakie "niezaspokojone potrzeby emocjonalne" mogą być częścią Twojej własnej historii?

6. Jakie masz uczucia do Boga? Czy czujesz się z Nim związany? Czy ufasz Mu? Dlaczego tak albo dlaczego nie?

Rozdział 6

Definiowanie zseksualizowanych przywiązań

Jest kilka ważnych pojęć, które musisz zrozumieć przed lekturą dalszej części tego podręcznika. Postaram się przedstawić je w prosty sposób, ale proszę nie pomijaj dwóch następnych rozdziałów. Te ważne informacje stanowią wprowadzenie do kwestii, które występują także w Twoim życiu.

Potrzeby związane z przywiązaniem

Każde dziecko rodzi się z wrodzonymi potrzebami więzi. W gruncie rzeczy oznacza to, że każdy z nas instynktownie potrzebuje kontaktu z innymi ludźmi. Przywiązanie i więź są częścią naszej ludzkiej egzystencji. Jesteśmy biologicznie zaprogramowani do ich tworzenia. Uwaga i opieka zapewniane niemowlętom i dzieciom są niezbędne dla prawidłowego rozwoju i zaspokojenia ich potrzeb przywiązania.

Motywy przywiązania

Motywy przywiązania to tęsknoty, których doświadczamy dążąc do tworzenia więzi. Oznacza to, że każde dziecko pragnie więzi z dorosłymi opiekunami i rówieśnikami. Jest to mechanizm pozwalający przetrwać. W związku z tym tęsknota za przywiązaniem będzie utrzymywać się przez całe życie. Mamy uwarunkowany genetycznie głód głębokiej więzi i poczucia przynależności.

Deficyty związane z przywiązaniem

Ignorowana lub zaniedbywana potrzeba więzi i kontaktu z innymi nie znika. Kiedy potrzeby przywiązania pozostają niezaspokojone lub niespełnione, prowadzi to do wyzwań emocjonalnych. Deficyt ten pozostawia w dziecku emocjonalną pustkę.

Niezaspokojone potrzeby będą się utrzymywać, do czasu ich zaspokojeni[5]. Siłę przywiązania można zauważyć, gdy matki zaprowadzają swoje małe dzieci do przedszkola. Dzieci często płaczą z powodu lęku separacyjnego. Nawiązały one więź z mamą, a nie z opiekunem. Potrzeba czasu i uwagi ze strony opiekuna, aby wytworzyć poczucie więzi, które ostatecznie zmniejszy niepokój.

Czasami dzieci nie mogą się przywiązać z uwagi na kwestie medyczne lub emocjonalne. Na przykład dzieci z silnym lękiem będą miały większe trudności z przywiązaniem. Podobnie dzieci z autyzmem lub RAD (reaktywnym zaburzeniem przywiązania) będą miały trudności z przywiązaniem[6]. Niezależnie od przeszkód utrudniających proces przywiązania, tęsknota za nawiązaniem więzi będzie się utrzymywała.

Należy również wziąć pod uwagę, że dzieci przez całe życie mają okresy, kiedy potrzebują bezpiecznego przywiązania do innych osób niż ich rodzice. Chłopcy mają ogólną potrzebę przynależności do grup przyjaciół. Szukają możliwości nawiązania więzi z rówieśnikami tej samej płci; chcą należeć do grupy kolegów.

Chłopcy pragną przywiązania do mentorów: trenerów, nauczycieli itp. Przywiązanie ma szersze implikacje niż tylko więź z mamą i tatą i obejmuje poczucie przynależności.

Rany związane z przywiązaniem

Gdy dzieci i młodzież dążą do stworzenia więzi, czasami doświadczają zranienia. Uzasadnione potrzeby kontaktu zostają zranione przez doświadczenia takie jak przemoc – fizyczna, emocjonalna lub seksualna. Również zaniedbanie emocjonalne może mieć destrukcyjny wpływ. Zranienia i deficyty związane z przywiązaniem sprawiają, że dziecko jest narażone na emocjonalne zmagania i dezorientację. Jeden z autorów napisał, że poza faktycznym znęcaniem się lub okrucieństwem, to style rodzicielstwa zakłócające proces tworzenia więzi, przyczyniają się do problemów ze zdrowiem psychicznym w późniejszym życiu[7].

---

5   Mooney, C. G. (2010). *Theories of attachment: An introduction to Bowlby, Ainsworth, Gerber, Brazelton, Kennell, and Klaus.* St. Paul, MN: Redleaf Press, S. 22.

6   Karges, C. (23. August 2016). *Attachment Issues & Sexuality.* Abgerufen am 27. Juli 2018 von https://www.addictionhope.com/blog/attachment-issues-sexuality/

7   Mooney, C. G. (2010). *Theories of attachment: An introduction to Bowlby, Ainsworth, Gerber, Brazelton, Kennell, and Klaus.* St. Paul, MN: Redleaf Press, S. 20.

Zseksualizowane przywiązanie

Potrzeby i zranienia związane z przywiązaniem mogą zostać "zseksualizowane", gdy do tego procesu zostanie wprowadzony seks. Na przykład, jeśli młody chłopiec pragnie przyjaźni, jego potrzeby przywiązania będą silniejsze. Jego uzasadniona potrzeba kontaktu czyni go podatnym na zranienia. Możliwe, że jakiś nastolatek wyczuje tę bezbronność i zacznie go wykorzystywać. Taka przemoc zakłóca uzasadnione potrzeby chłopca i wprowadza seksualność. Głębokie pragnienie przyjaźni i uwagi chłopca zostało teraz powiązane z seksualnością.

Odtwarzanie traumy jest poważniejszą formą zseksualizowanego przywiązania. Dzieje się tak, gdy chłopiec powiela traumę doświadczenia, które ją spowodowało. Na przykład młody chłopiec, który był wykorzystywany, jako osoba dorosła fantazjuje seksualnie w sposób, który wydaje się przypominać molestowanie. Jego zachowanie i skłonności wydają się zbieżne z tym, co wydarzyło się w dzieciństwie.

Więź traumatyczna jest podobną formą zseksualizowanego przywiązania. Ma to miejsce, gdy chłopiec zaczyna przywiązywać się do wydarzenia lub osoby, która zainicjowała traumę. Na przykład młody chłopiec, który był molestowany, jako dorosły zachowuje się lub fantazjuje seksualnie z mężczyznami lub kobietami, które przypominają osobę, która go wykorzystywała.

Zerotyzowane (zseksualizowane) emocje

Niektóre osoby zauważają, że zerotyzowały swoje przeżycia emocjonalne. Emocje mogą ulec seksualizacji w miarę jak ich siła wzrasta. Silne emocje nie muszą być traumatyzujące. Silne emocje i czynniki przywiązania są jak magnes przyciągający seksualną energię.

Zerotyzowana wściekłość stała się sposobem na opisanie tego, jak gniew ulega seksualizacji. Na przykład, gdy ktoś zachowuje się w gniewny sposób, być może fantazjuje o gwałcie lub jakiejś manipulacji. Czasami striptizerzy lub ekshibicjoniści twierdzą, że zseksualizowali ciągłą potrzebę bycia „zauważonym" przez ważne osoby w ich życiu. Podglądacz może przyznać, że zseksualizował ciągłą potrzebę podglądania życia innych – chcąc, by inni wpuścili go do swojego prywatnego życia. Ktoś przebierający się za kobietę może opowiedzieć o tym, jak zseksualizował nieustającą potrzebę opieki i czułości ze strony kobiet.

Zazwyczaj ta dynamika emocji zaczyna się w dzieciństwie. Kontekst emocjonalny jest silny, uczucia są potęgowane przez potrzeby przywiązania, a cały wzorzec zostaje zseksualizowany. Nie wszyscy będą seksualizować te konteksty, ale ludzie zmagający się z dezorientacją seksualną często stwierdzają, że to się łączy: gwałciciel seksualizuje swoją emocjonalną potrzebę kontroli, striptizerka seksualizuje swoją emocjonalną potrzebę bycia zauważoną, podglądacz seksualizuje swoją emocjonalną potrzebę oglądania, a mężczyzna przebierający się w damskie ubrania seksualizuje swoją emocjonalną potrzebę czułości ze strony kobiet.

Zseksualizowane przywiązania - rozszerzona definicja

Na potrzeby tego podręcznika rozszerzyłem definicję zseksualizowanych przywiązań tak, aby obejmowała różne formy zerotyzowanych emocji. Po pracy z setkami klientów nad tymi problemami, nie mogłem zignorować obserwacji, że ludzie doświadczają zarówno zseksualizowanych przywiązań, jak i zerotyzowanych emocji. Czasami traumatyzujące wydarzenia z życia utrudniały zdrowe przywiązanie, a innym razem przyczyną były doświadczenia emocjonalne. Często oba te zjawiska występują jednocześnie.

Podsumowując, zarówno dynamika emocjonalna, jak i dynamika przywiązania mogą ulec seksualizacji. Im silniejsza jest dynamika i im dłużej trwa, tym silniejsze będzie jej przyciąganie do bodźców seksualnych. Podobnie jak magnes, seksualny impuls wiąże się z daną emocją lub przywiązaniem do danej osoby. Raz połączony, jest trudny do rozdzielenia.

Czy każda osoba z ranami emocjonalnymi lub związanymi z przywiązaniem seksualizuje je? Z pewnością nie. Dzieci zmagają się z emocjonalnymi problemami i zranieniami w relacjach, ale mimo to dorastają bez zseksualizowanego przywiązania czy wewnętrznego zamieszania. Ale ci, którzy doświadczyli zseksualizowanych przywiązań, z łatwością rozpoznają te dynamiki.

Wzorce i schematy pobudzenia

Jako dzieci rozwijamy wzorce zachowań, aby radzić sobie z trudnościami i stresem. Reagujemy na okoliczności, nie mając większej kontroli nad większością sytuacji. Staramy się radzić sobie najlepiej jak potrafimy. Jako przykład wyobraźmy sobie młodego chłopca, któremu rodzina nie poświęca uwagi i który w szkole staje się „klasowym błaznem". Uczy się zwracać na siebie uwagę żartując i rozśmieszając kolegów z klasy. Nawet jeśli wpada w tarapaty, to rola klasowego błazna pomaga mu radzić sobie z brakiem uwagi w domu. Może nie zdawać sobie sprawy, dlaczego przyjmuje tę rolę. Jest to po prostu próba zaspokojenia głodu uwagi i staje się ona wzorcem.

Niektóre wzorce stają się silne z powodu różnych czynników. Załóżmy, że chłopiec, któremu brakuje uwagi w domu, jest również niesubordynowany. Podczas przerwy zawsze jest wybierany do gier jako ostatni. Jego słaba kondycja fizyczna nie sprawia, że staje się klasowym błaznem, ale zwiększa jego zapotrzebowanie na uwagę. W tej sytuacji brakuje mu uwagi zarówno w domu, jak i na placu zabaw, więc wzorzec klasowego błazna staje się coraz silniejszy. Jest on spragniony prawdziwej uwagi, a jego zachowanie pomaga mu zaspokoić ten głód.

Inne czynniki wzmacniają ten cykl. Być może starsi chłopcy gnębią go, jest pomijany w zabawach grupowych, ignorowany w kościele lub w innych sytuacjach, które podsycają jego potrzebę uwagi. Czynniki te utrwalają niezdrowe wzorce radzenia sobie z brakiem uwagi. Z czasem taki wzorzec staje się automatyczny, jak nawyk. Innymi słowy, za każdym razem, gdy jego głód uwagi rośnie, mózg bez większego wysiłku przechodzi do tego wzorca, a chłopak staje się klasowym błaznem.

Chłopiec ten wpada teraz w spiralę różnych myśli, emocji i zachowań i to właśnie energia tej emocjonalnej spirali splata się z impulsami seksualnymi. Podobnie jak magnes, energia seksualna jest przyciągana do emocjonalnego zainteresowania. Kiedy energia emocjonalna i seksualna łączą się, cykl ten staje się wzorcem "pobudzenia". Wszystko wykracza poza zwykłą potrzebę uwagi, a to, co było tylko emocjonalne, teraz zaczyna łączyć się z tym, co seksualne.

Wracając do naszego przykładu, w którym chłopiec jest głodny uwagi w domu i na placu zabaw, wypracowuje reakcję błazna jako strategię na zaspokojenie swojej potrzeby uwagi. Jest on jej coraz bardziej spragniony. Teraz wyobraźmy sobie, że ten sam chłopiec otrzymuje zaproszenie do spędzania czasu ze starszym, nastoletnim chłopcem. Podziwia go już od dłuższego czasu, a jego potrzeba więzi skłania go do przyjęcia zaproszenia.

Okazuje się, że imponuje mu uwaga starszego od niego chłopaka. Nastolatek chce spędzać z nim czas, bo dzięki niemu czuje się ważny i wartościowy. Czuje nowe więzi w sposób, jakiego wcześniej nie doświadczał. Nastolatek zaspokaja jego potrzebę przyjaźni, przywiązania i więzi.

Podczas wspólnego spędzania czasu pewnego razu nastolatek wyświetla pornografię w Internecie i zaczyna go przekonywać, że to fajna sprawa. Młodszy chłopak jest nieco obrzydzony, ale też zaintrygowany. Waha się, ale nie chce rozczarować nastolatka, więc się zgadza. Doświadczenie przeradza się w grę "ty pokaż mi", a w ciągu następnych kilku tygodni nastolatek zaczyna inicjować z nim zabawy o charakterze seksualnym. Początkowo chłopak wahał się, ale zdecydowanie nie chciał stracić tej relacji. Okazał pewną ciekawość i zgodził się na te zabawy, aby uniknąć odrzucenia.

Na tym przykładzie widać, jak nowe emocje i popędy stają się częścią wzorca. Naturalna potrzeba przywiązania tego chłopca zostaje wykorzystana. Jego silna potrzeba poświęcenia mu czasu i uwagi podlega seksualizacji. Jego wrodzona potrzeba opieki mentorskiej i przyjaźni uległa pomieszaniu i zostały do niej wprowadzone nowe odczucia o charakterze seksualnym.

Teraz jego mózg łączy potrzebę uwagi z seksualnością. W rezultacie za każdym razem, gdy wzrasta jego potrzeba uwagi, wzrastają również jego uczucia o charakterze seksualnym. Zabawy erotyczne ze starszym chłopcem wzmocniły związek między sferą emocjonalną i seksualną; wzmocniły wzorzec pobudzenia. Wzorzec emocjonalny został powiązany z popędami seksualnymi. Gdy zapragnie on uwagi prawdopodobnie zacznie fantazjować o seksualnych zabawach z innymi chłopcami. To pragnienie uwagi jest uzasadnioną potrzebą więzi, która trwa przez całe życie, ale teraz została zseksualizowana[8].

Gdy wzorzec pobudzenia powtarza się przez dłuższy czas, utrwala się. Oznacza to w uproszczeniu, że wzorzec pobudzenia zostaje zapamiętany przez mózg na głębszym poziomie. Głęboko wdrukowuje się w mózg w miarę tworzenia się ścieżek neuronowych. Po stworzeniu sieci neuronowej mózg jest zaprogramowany na ten wzorzec i działa on automatycznie.

Gdy wzorzec ten zostanie utrwalony, nazywany jest "schematem pobudzenia". Schemat pobudzenia jest jak szablon dokumentu. Możesz napisać wypracowanie do szkoły używając różnych szablonów. Istnieją szablony życiorysów, prac naukowych, agend i innych dokumentów. Jednak zazwyczaj, gdy tworzysz nowy dokument, Twój komputer domyślnie korzysta z pierwotnie utworzonego szablonu (schematu). Podobnie Twój mózg powraca do pierwotnie utworzonego schematu pobudzenia. Uważa się, że schemat pobudzenia kształtuje się między piątym a ósmym rokiem życia, aczkolwiek pojawiają się problemy, gdy schemat ten

---

8 Flores, P. J. (2012). *Addiction as an attachment disorder.* Lanham: Jason Aronson, S. 134.

ulega zniekształceniu[9]. Na przykład molestowanie może mieć ogromny wpływ na tworzący się szablon, z destrukcyjnym skutkiem powodującym pobudzenie w niezdrowy sposób[10]. Można opracować dowolną liczbę schematów, lecz raz ustalony schemat niestety trudno zmienić. Osoby uzależnione czasami mówią o pojawiających się w ich umyśle obrazach – tak jakby zostały one wyryte w ich mózgu[11]. Nie są one dosłownie wyryte, ale na pewno zostały głęboko zapamiętane.

Niektórzy badacze nazywają to "żłobieniem rowków". Kiedy wzorce są wdrukowywane w mózg, tworzone są ścieżki neuronowe. Te ścieżki neuronowe to rowki w mózgu. Tworzenie nowych rowków będzie wymagało powtarzania nowych wzorców zachowań w miarę upływu czasu[12].

Niniejszy podręcznik jest przeznaczony dla młodych mężczyzn, którzy doświadczyli zagubienia wskutek zseksualizowanych przywiązań i emocji Kiedy naturalne potrzeby przywiązania stają się zseksualizowane, może to powodować poczucie wstydu lub zmieszanie. Moi klienci często opisywali fantazje, które nie były zgodne z ich tożsamością. Niektórzy przyznają, że są przekonani, że ich wcześniejsze doświadczenia wpłynęły na ich obecne rozterki.

Niekiedy młody człowiek nie chce stwierdzić, że jest gejem, osobą biseksualną lub nieheteronormatywną. Starając się okazać miłość i wsparcie, inni mogą zachęcać go do ujawnienia się („coming outu"). Jednak to, że młodzi ludzie doświadczają pociągu seksualnego do osób tej samej płci, nie oznacza, że jest on wrodzony. Te odczucia seksualne mogą być ubocznym produktem zseksualizowanych przywiązań, odtwarzania traumy, wiązania traumy lub innej erotycznej dynamiki emocji.

Niniejszy podręcznik opisuje różne czynniki mające na to wpływ. Został on napisany z myślą o nastolatkach i młodych mężczyznach, którzy mogą mieć problemy z zseksualizowanymi przywiązaniami. Może być również wykorzystywany do pomocy rodzicom, przyjaciołom, nauczycielom, duchownym lub terapeutom, gdyż zawiera przydatne informacje, jak wspierać mężczyzn należących do tej grupy.

Podręcznik ten opowiada o zdrowieniu i wewnętrznej integracji. Gdy na schemat pobudzenia wpłynęły czynniki emocjonalne, wówczas zajęcie się nimi będzie miało zasadnicze znaczenie

---

9 Carnes, P. und Carnes, P. (2001). *Out of the shadows: Understanding sexual addiction.* Center City, MN: Hazelden Information & Edu, S. 88.

10 Carnes, P. und Carnes, P. (2001), S. 88.

11 Carnes, P. und Carnes, P. (2001), S. 91.

12 Katehakis, A. (2010). *Erotic intelligence: Igniting hot, healthy sex while in recovery from sex addiction.* Deerfield Beach, FL: Health Communications, S. 20.

---

dla wyzdrowienia. Z moich obserwacji wynika, że czynniki te obejmują wrodzone potrzeby przywiązania i zranienia z tym związane oraz różne formy zerotyzowanych emocji. Do tych samych konkluzji doszło także wielu innych terapeutów i badaczy w naukach społecznych. Neal King jako jeden z pierwszych nazwał to zjawisko "wyuczonym schematem pobudzenia"[13].

Niektóre osoby zgłaszają zmiany w podnieceniu w procesie zdrowienia. Nie wiemy, w jakim stopniu ludzie mogą doświadczać zmian w tym zakresie, ale niezależnie od tego, czy schemat się zmienia czy nie, zawsze należy skupić się na własnej odbudowie, tj. spełnianie potrzeb przywiązania, które nie zostały wcześniej zaspokojone. Oznacza to także uzdrawianie emocjonalnych zranień, które nadal pozostają niezabliźnione. Sukces w zdrowieniu nie powinien być oceniany na podstawie tego, czy schemat pobudzenia się zmienił. Każdy, kto zmaga się z zseksualizowanym przywiązaniem, powinien dążyć do tego, by stać się osobą zintegrowaną wewnętrznie.

Brałem kiedyś udział w fascynującej prezentacji na temat zażywania narkotyków i pobudzenia seksualnego. Prezenter wskazał, że narkotyki mogą wpłynąć na schemat pobudzenia i przekierować go na inne tory. Powiedział, że zmiany utrzymują się nawet wtedy, gdy klienci odstawią narkotyki, niemniej ważna jest również ich praca na wzorcach, które chcą wzmocnić[14]. Innymi słowy, schemat pobudzenia podlega kształtowaniu. Widzimy to w praktyce klinicznej. Oczywiście nie powinno być to głównym celem terapii.

Pracowałem z setkami osób uzależnionych od seksu, które opisują tego typu dynamikę emocjonalną. Osoby te zgłaszały kwestie emocjonalne jako część podstawowych przyczyn uzależnienia. Nie każda osoba z zseksualizowanymi przywiązaniami będzie uzależniona od seksu, ale niektórzy zgłaszają ich obsesyjną naturę, bardzo podobną do uzależnienia od seksu. Możesz czuć się tak, jakbyś powoli wpadał w uzależnienie. Innymi słowy, czujesz większą obsesję, ponieważ dynamika emocjonalna wewnątrz Ciebie jest przygotowana do uzależnienia od seksu. Każde dekonstruktywne zachowanie rozładowujące napięcie może przerodzić się w kompulsywne wzorce aktywności seksualnej. Zseksualizowane przywiązania mogą być częścią dynamiki emocjonalnej, która sprzyja uzależnieniu od seksu.

Niektórzy młodzi ludzie uzależnieni od seksu decydują się na przyjęcie tożsamości LGBTQ. Inni z różnych powodów rezygnują z tego określenia. Niezależnie od wyboru w procesie wewnętrznej integracji uzdrowienie emocjonalne jest ważne. Musisz nauczyć się oddzielać emocje, zranienia i potrzeby przywiązania od seksualności; umieć je rozróżnić i znaleźć

---

13 King, N. (2000). *Childhood Sexual Trauma in Gay Men.* Journal of Gay & Lesbian Social Services,12(1-2), 19-35. doi:10.1300/j041v12n01_02.

14 Fawcett, D. (Mai 2018). *Chemsex, Sex Addiction and Men Who have Sex with Men: Effective Strategies.* Vortrag beim IITAP-Symposium, Scottsdale, Arizona.

POWRÓT DO PEŁNI ŻYCIA

drogę zdrowienia. Rozmaite czynniki emocjonalne mogą ukierunkowywać energię seksualną w różne strony, ale Twoja seksualność nie może być tym, co Cię definiuje. Bądź ostrożny w nadawaniu sobie samemu etykiet.

W podręczniku tym zamieszczone są osobiste pytania, które młodzi ludzie mogą wykorzystać, aby dowiedzieć się więcej o sobie. Czytelnik powinien zatrzymać się i poświęcić czas na udzielenie na nie odpowiedzi. Zastanów się nad nimi. Jeśli pracujesz z mentorem lub terapeutą poświęć czas na wytrwałą pracę nad osobistymi problemami. Przedyskutujcie je razem i znajdźcie rozwiązania prowadzące do poprawy. Wymaga to czasu, więc bądź cierpliwy.

Nie dekoncentruj się, gdy coś Ciebie nie dotyczy. Zwróć uwagę na tematy, które odnoszą się do Twojej sytuacji i znajdź zaufanego dorosłego, z którym porozmawiasz o tym, czego się dowiedziałeś. Może to być dowolna osoba – rodzic, inny członek rodziny, trener, mentor, nauczyciel lub duchowny - ktokolwiek, komu ufasz. Szczerze odpowiedz na pytania i omów je z tą osobą. Odpowiadając na pytania, możesz wyznaczać cele, które zapewnią zaspokojenie Twoich potrzeb przywiązania i uzdrowienie zranień z tym związanych.

Rozdział 7 Pytania

1. Dzieci rozwijają wzorce zachowań jako sposób _______________ z wyzwaniami i stresorami.

2. Kiedy wzorce emocjonalne stają się silniejsze, mogą się one z czasem _______________ Oznacza to, że są one głębiej osadzone w mózgu.

3. Opisz, w jaki sposób przyciągają się energia emocjonalna i uczucia seksualne:

____

____

____

____

____

4. Jaki rodzaj energii emocjonalnej może przyciągać seksualność?

____

____

____

____

____

____

5. Schemat pobudzenia jest zasadniczo wyuczonym _________________, wzorem, który mózg zapamiętał.

6. Mózg powraca do oryginalnego szablonu, trochę jak do dokumentu _________________.

7. Niektórzy chłopcy zakładają, że są gejami lub biseksualistami, ponieważ pociągają ich inni chłopcy, podczas gdy w rzeczywistości mają problemy z _________________ przywiązaniem.

8. Niektórzy młodzi mężczyźni zgłaszają, że ich uczucia seksualne są obsesyjne, co może wynikać z tego, że są w _________________ stanie emocjonalnym.

9. Należy pamiętać, że impulsy seksualne nie powinny Cię _________________.

10. Które kwestie poruszone w tym rozdziale są dla Ciebie ważne?

____

____

____

____

____

____

____

____

____

____

Przywiązanie do rodziców

Wpływ ojca

Na pierwszych etapach swojego rozwoju dzieci z natury wiążą się z kochającymi rodzicami i opiekunami. W miarę dorastania uczą się identyfikować i komunikować z rodzicem tej samej płci – jest to naturalny i ważny etap rozwoju. Chłopcy uczą się męskości od ojców i mentorów. Ojciec jest dla chłopca wzorem zdrowej siły w otaczającym świecie. Ma on obowiązek nauczyć

swojego syna zdrowej męskości. Dobrzy mentorzy uczą chłopców męskości, wprowadzając ich do szerszej społeczności mężczyzn i wzmacniając ich męską tożsamość. Ten proces nawiązywania relacji z ojcami i mentorami trwa przez całe dzieciństwo. Naturalna potrzeba przywiązania popycha młodych chłopców w stronę dorosłych mężczyzn. Potrzeba ta jest zakodowana w każdym dziecku i nie da się jej zignorować, więc jeśli ten proces zostanie zakłócony, chłopiec może doświadczyć czegoś, co nazywa się "głodem ojca". Bezpieczne przywiązanie do ojca jest niezbędne dla prawidłowego rozwoju. Wzrost liczby domów "bez ojca" stworzył problemy dla dzieci i zmienił nasze społeczeństwo[15]. Badania są tak oczywiste w tej kwestii, że dr William Pollack zasugerował nawet, że szkoły powinny przydzielać każdemu chłopcu dorosłego mentora, który byłby w stanie zrozumieć jego wyjątkowe zainteresowania[16].

Niektórzy chłopcy opisują krzywdzące relacje z mężczyznami, w których byli wykorzystywani. W takich toksycznych sytuacjach chłopiec odsuwa się od mężczyzn, aby zapewnić sobie bezpieczeństwo. Wykorzystywanie fizyczne lub emocjonalne może mieć niszczący wpływ na proces przywiązania. Może nie dojść do powstania zdrowej więzi, a emocjonalna potrzeba przywiązania nasila się. Chłopiec pragnie być blisko dorosłego mentora, ale wiąże się to

---

15 Hunt, J. (Leiter) (2017). *Absent – One Man Makes a World of Difference.* [Video-Datei] USA: Time & Tide Productions. Abgerufen von www.absentmovie.com. Ein Film über die Wunden, die ein Kind durch einen abwesenden Vater davonträgt.

16 Pollack, W. S. (1999). *Real boys: Rescuing our sons from the myths of boyhood.* New York: Henry Holt and Company, S. 9.

nieodłącznie z poczuciem zagrożenia.

Rany zadane przez toksycznych mężczyzn często goją się latami. Czasami zranienia te mogą być bezpośrednio powiązane z problemami z poczuciem własnej wartości, rozwojem pewności siebie, problemami z tożsamością i dezorientacją seksualną. Dr James Dobson zauważył, że w dzisiejszych czasach chłopcy często mają kłopoty, ponieważ ich ojcowie są roztargnieni, za dużo pracują, są wyczerpani emocjonalnie, niezainteresowani, rozwiedzeni lub niezdolni do radzenia sobie w życiu[17]. FOjcowie mogą potrzebować prosić o przebaczenie i starać się zmienić. Przywrócenie zdrowych relacji z synem może wymagać czasu, cierpliwości, a nawet profesjonalnego doradztwa, ale powinno być celem każdego ojca.

Co więcej, chłopcy nigdy nie powinni obwiniać się za złe zachowanie dorosłych w ich życiu. Słuchałem, jak chłopcy mówili takie rzeczy, jak: *"Gdybym był lepszym synem..."* lub *"Gdybym był bardziej posłuszny..."* lub *"Po prostu nie jestem kochany taki, jaki jestem..."*. NIC nie jest wystarczająco dobrym powodem, aby ojciec lub mentor zastraszał, manipulował lub wykorzystywał w jakikolwiek sposób. Niektórzy ludzie określiliby takie zachowanie jako toksyczną męskość i nie jest to w porządku. NIE bądź ofiarą wymówek. Jeśli Twój ojciec nie chce wziąć odpowiedzialności ani wprowadzić zmian w swoim życiu, musisz iść do przodu. Dzięki wytrwałości możesz znaleźć nowych mentorów, którzy będą Cię kochać i wspierać. Jeśli tak jest w Twoim przypadku, szukaj męskich mentorów, którzy są pewni siebie, przekonani o własnej wartości i zdecydowani, a także życzliwi i współczujący wobec Ciebie[18].

Z drugiej strony, niektórzy chłopcy rozwijają tęsknotę za ojcem z powodu porzucenia. W tym scenariuszu chłopiec jest emocjonalnie spragniony przywiązania, ponieważ dobrzy mentorzy nigdy nie byli dostępni. Samotne matki często borykają się z tym problemem. Ojcowie, którzy opuszczają swoje rodziny stwarzają prawdziwy horror dla wszystkich, których zostawili. Poza tym niestety niektórzy ojcowie przedwcześnie umierają. Nieprzewidywalne koleje losu sprawiają, że dzieci zostają pogrążone w żałobie i brakuje im przewodnika.

Praca lub służba wojskowa mężczyzny także może wymagać od niego opuszczenia domu. Niezależnie od powodu, kiedy chłopiec zostaje pozostawiony bez ojca, jego potrzeba więzi ze starszymi mężczyznami (mentorami) pozostaje niezaspokojona. Wrodzone pragnienie przywiązania pozostaje niezaspokojone. Chłopiec odczuwa wewnętrznie trudny do zrozumienia ból. Seksualizacja tego pragnienia przywiązania jest czasami oczywista.

Pisarka Shannon Ethridge obserwowała jednego ze swoich klientów, który eksperymentował seksualnie z innymi mężczyznami przed poślubieniem kobiety. Powiedział jej, że jego

---

17 Dobson, J. C. (2005). *Bringing up boys.* Carol Stream, IL: Tyndale House, S. 55.

18 Dobson, J. C. (2005). *Bringing up boys.* Carol Stream, IL: Tyndale House, S. 121.

historia związana była z emocjonalnie wycofanym ojcem, który był przez większość czasu nieobecnym[19]. Analogicznie, pamiętam jednego z moich nastoletnich podopiecznych, który kilka lat temu regularnie fantazjował wykorzystując zdjęcia własnego ojca i starszych mężczyzn.

Różnice osobowościowe mogą być kolejną częstą przeszkodą na drodze do bezpiecznego przywiązania do ojca. Czasami ojciec i syn mają całkowicie różne usposobienie lub odmienne zainteresowania i hobby. Te przeciwstawne cechy mogą utrudniać emocjonalną więź między rodzicem a dzieckiem, sprawiając, że nie będą mogli oni nawiązać ze sobą relacji. Kiedy tak się dzieje, potrzeba więzi jest niezaspokojona, a wewnętrzny ból związany z brakiem przywiązania utrzymuje się.

Defensywne zerwanie więzi

Czasami dziecko odsuwa się, aby uchronić się przed silnie emocjonalnymi lub toksycznymi sytuacjami. Proces ten nazywany jest defensywnym zerwaniem więzi (ang. *defensive-detachment*). Jest to coś więcej niż zwykłe wycofanie się. Zamiast tworzyć więź przywiązania, dziecko chroni się, stawiając mury uniemożliwiające przywiązanie. Zerwanie więzi może wystąpić w każdej znaczącej relacji z mężczyzną: wujkami, braćmi, dziadkami, drużynowymi harcerskimi, sąsiadami, przyjaciółmi rodziny, trenerami, duchownymi lub nauczycielami. Kiedy chłopiec chroniąc się odcina się od mentorów, jego potrzeba więzi pozostanie niezaspokojona. Chłopcy potrzebują mężczyzn, więc ta emocjonalna potrzeba przywiązania chłopca do męskich mentorów może później zostać zseksualizowana.

Z logicznego punktu widzenia można powiedzieć, że defensywne zerwanie więzi jest sposobem, w jaki chłopiec chroni się przed tym, co postrzega jako krzywdzące. Jest to naturalna reakcja mająca na celu obronę przed bólem odrzucenia lub krzywdą spowodowaną wykorzystywaniem lub brakiem troski.

Jeden z moich przyjaciół na drodze pracy nad sobą zauważył: *"Czasami ojciec oferuje miłość, ale jego syn nie chce jej przyjąć"*. Chłopiec potrzebuje wzoru do naśladowania – kogoś, kogo mógłby podziwiać i na kim mógłby się wzorować w swoim życiu. Potrzebuje kogoś, kogo mógłby naśladować i kto mógłby zapewnić go o jego własnej męskości. Potrzebuje przywiązania i identyfikacji z osobą zdolną pełnić rolę ojca. W przypadku niektórych chłopców jeden nieumyślny błąd popełniony przez ojca może spowodować defensywne zerwanie więzi, które niszczy ich relację. Chłopiec reaguje defensywnie i udaremnia próby ojca nawiązania kontaktu w przyszłości.

---

19 Ethridge, S. (2012). *The Fantasy fallacy: Exposing the deeper meaning behind sexual thoughts.* Waterville, ME: Christian Large Print Originals, S. 144.

Defensywne zerwanie więzi zaczyna się od fundamentalnej więzi między ojcem a synem. To, co chłopiec subiektywnie uzna za bolesne jest tu kluczowe. Czasami odcięcie się może być tak głęboko ukryte, że chłopiec prawie nie zdaje sobie z tego sprawy. Chłopiec i tak desperacko pragnie przyjęcia, akceptacji, aprobaty i miłości mentora, ale odcina się od niego, aby zapewnić sobie bezpieczeństwo.

Wpływ matki

Dla większości dzieci więź z matką jest bardzo prostym procesem, ponieważ to ona pieści, karmi piersią i fizycznie pielęgnuje swoje dziecko od niemowlęctwa. Przywiązanie chłopca do matki jest niezbędne dla jego zdrowego rozwoju. Jednak gdy dorasta, dostrzega swoje podobieństwo do ojca i rozpoczyna proces identyfikacji, który zwykle obejmuje zwiększone pragnienie nawiązania i utrzymania z nim więzi.

Pomimo chęci matki ochrony syna, dorastający chłopiec przechodzi od przestrzeni bezpieczeństwa, jaką daje mu matka do zdrowego przywiązania do ojca, męskich mentorów i innych chłopców. Czasami kochająca matka, choć z dobrą wolą, może nadmiernie angażować się w relację ze swoim synem. Może stać się nadmiernie opiekuńcza. Zbyt przywiązana, pełna niepokoju matka nie pozwala synowi rozluźnić więzi ze sobą i może utrudniać mu nawiązanie relacji z ojcem. Może również zniechęcać go do nawiązywania więzi z innymi mężczyznami lub chłopcami. W niektórych przypadkach matka może mieć negatywne uczucia wobec ojca chłopca. Słyszałem, jak młodzi mężczyźni opisywali, że ich mama była bardzo krytyczna lub poniżająca w stosunku do ich ojca. Często słyszeli słowa takie jak: *"Nigdy nie bądź taki jak twój tata"* lub *"Mężczyźni krzywdzą i nie troszczą się... lepiej, żebyś taki nie był!"*.

Niezależnie, czy powie o tym wprost czy tylko tak myśli, dziecko wyczuje jej negatywne nastawienie. Dzieci czują tę energię. poczuć krytykę i pogardę dla mężczyzn i ich ojców. Chłopiec nie chce zranić swojej matki i może podświadomie starać się unikać robienia tego, co zrobił jego ojciec. Co więcej, może podświadomie unikać upodobnienia się do ojca (cokolwiek by to nie znaczyło), aby zapobiec dalszemu cierpieniu matki. Dr James Dobson zauważył, że to matka ma klucz do relacji między ojcem a synem. *"Jeśli okażesz mu szacunek jako mężczyźnie, będzie bardziej prawdopodobnie, że będzie go podziwiał i naśladował*[20]. Wpływ matki może utrudniać lub wspierać relacje chłopca z ojcem i zdrowymi męskimi mentorami.

Zerwanie więzi i wykorzystywanie seksualne

Temat wykorzystywania seksualnego został omówiony w dalszej części tej książki. Chcę jednak krótko wspomnieć, że incydentalne bądź wielokrotne wykorzystywanie seksualne może aktywować defensywne zerwanie więzi. Wykorzystanie dodaje kolejną warstwę cierpienia i zamieszania. Chłopcy są z natury spragnieni akceptacji, afirmacji i uczucia. Kiedy te uzasadnione potrzeby zostaną wykorzystane, może to prowadzić do powstawania zranień i emocjonalnej dezorientacji odnośnie tych naturalnych potrzeb.

Dzieci molestowane seksualnie mogą być bardziej podatne na wykorzystywanie z uwagi na lękowo-ambiwalentne przywiązanie do jednego lub obydwojga rodziców. Przestępcy seksualni szukają łatwych ofiar. Mogą wyczuć ten problem u swojej ofiary.

Jeśli byłeś wykorzystywany seksualnie, to Twoje naturalne potrzeby akceptacji, afirmacji i uczucia zostały stłumione. To bolesne, dezorientujące i niesprawiedliwe, ale nie wpadaj w rozpacz. Zapoznaj się z informacjami zawartymi w rozdziale dotyczącym wykorzystywania seksualnego.

Filtr percepcyjny

Percepcja to sposób, w jaki filtrujemy doświadczenia życiowe; to, jak widzimy i odbieramy otaczający nas świat. Może być tak, że chłopiec dystansuje się od ludzi po prostu z powodu własnego subiektywnego filtra, przez który odbiera informacje z rzeczywistości. Istnieje wiele powodów, dlaczego chłopiec może czuć się emocjonalniee zraniony lub pozostawiony sam sobie. Ojciec może mieć najlepsze intencje, ale jeśli dziecko negatywnie zinterpretuje jego zachowanie, to się od niego odsunie. Poniżej znajdziesz listę możliwych sposobów postrzegania ojca przez syna i jego reakcji, które mogą prowadzić do deficytów przywiązania:

- Ojciec jest postrzegany jako przeważnie nieobecny..., więc chłopcu brakuje przywiązania, ponieważ czuje się samotny.

- Ojciec jest postrzegany jako nieskuteczny..., więc chłopiec izoluje się, ponieważ jest sfrustrowany.

- Ojciec jest postrzegany jako wrogi..., więc chłopiec izoluje się ze strachu lub niepokoju.

---

20 Dobson, J. C. (2005). *Bringing up boys*. Carol Stream, IL: Tyndale House, S. 94.

　　　　　　　　　　　　　　　　　　　　POWRÓT DO PEŁNI ŻYCIA

- Ojciec jest postrzegany jako szorstki..., więc chłopiec izoluje się, ponieważ czuje się krytykowany.

- Ojciec jest postrzegany jako przemocowy..., więc chłopiec izoluje się, ponieważ czuje się skrzywdzony.

- Ojciec jest postrzegany jako niezainteresowany..., więc chłopiec odsuwa się, ponieważ czuje się niekochany.

Podsumowując, chłopiec odsuwa się i izoluje, aby się chronić. Jego potrzeby przywiązania do mentora pozostają niezaspokojone. W jego sercu rodzi się tęsknota.

Uszkodzone filtry percepcyjne

Postrzeganie rzeczywistości przez daną osobę *jest* dla niej samą rzeczywistością. Chociaż w moim życiu faktycznie były momenty oczywistej manipulacji, krytyki i emocjonalnego zaniedbania ze strony mojego ojca, to inne podobne sytuacje prawdopodobnie nie miały na celu skrzywdzenia mnie. Ale ponieważ mój ojciec już wcześniej zranił mnie emocjonalnie, każdą zachodzącą między nami interakcję postrzegałem jako krzywdzącą i postanowiłem się od niego odsunąć.

Mój ojciec bardzo dużo pracował i rzadko bywał w domu. Mocno trzymał mnie w ryzach i wyraźnie dawał do zrozumienia, że nie wolno nam podważać jego autorytetu. Nie wolno nam było mieć własnych opinii – chyba że się z nimi zgadzał. Jako dziecko posłusznie słuchałem jego rad i nie kwestionowałem ich. Nie wahał się dawać mi klapsa i pamiętam, że kilka razy zostałam spoliczkowany. Bałem się ojca fizycznie i ten strach uniemożliwiał mi nawiązanie z nim relacji.

Mój strach przed nim i poczucie zagrożenia, jakie wywoływał, przerodziły się w odczuwany przeze mnie ogólny niepokój wobec mężczyzn. Mój filtr został uszkodzony i zacząłem postrzegać większość mężczyzn jako osoby mogące mnie skrzywdzić. Wskutek moich przekonań (mojego filtra) uogólniłem sposób postrzegania mojego ojca na wszystkich mężczyzn.

Kiedy poszedłem do piątej klasy nie chciałem przejść pod opieką nowego nauczyciela, ponieważ był mężczyzną. Najbardziej lubiłem nauczycielki, ponieważ czułem się bardziej komfortowo w towarzystwie kobiet. Były delikatne i wrażliwe na moje uczucia. Rozwijał się we mnie lękowo-unikający styl przywiązania do mężczyzn, który utrzymywał się aż do czasu studiów.

Wiele lat później, już jako osoba dorosła, skonfrontowałem mojego ojca z lękami z dzieciństwa i jego szorstkim stosunkiem do mnie. Nigdy nie zapomnę jego zdumienia. Powiedział: "Nigdy bym cię nie skrzywdził". Ale nie mogłem w to uwierzyć.

Aby zobrazować koncepcję uszkodzonych filtrów, wyobraźmy sobie młodego mężczyznę w samochodzie z ojcem jadących długą, krętą drogą. Młody człowiek nie pragnie niczego bardziej niż akceptacji ze strony ojca, ale czuje zdenerwowanie. Podczas gdy jego ojciec prowadzi samochód, młody mężczyzna zaczyna myśleć o ich relacji. Spoglądając przez okno zauważa piękny krajobraz. Widzi falujące wzgórza pokryte jasną, zieloną trawą graniczącą z małym strumieniem, która rozpościera się po horyzont. Kwitnące, piękne kwiaty kołyszą się delikatnie na wietrze. Chłopiec mówi: *"Wow! Tato, widziałeś to? Na trawie nad tym potokiem było stado jeleni!"*. Zachwycony widokami dodaje: *"To miejsce jest niesamowite!"*.

Jego ojciec, który przez cały czas milczał, odwraca głowę, by spojrzeć przez okno i natychmiast odpowiada: *"To miejsce jest beznadziejne"*.

Teraz zanim skończę tę historię, zadam Ci kilka pytań. Gdyby to przydarzyło się Tobie, jak byś się poczuł? Czy jest w tej historii coś, co przypomina ci Twoje własne życie? Czy coś w tej historii wywołało w Tobie emocje, które już kiedyś odczuwałeś?

Doświadczenia tego chłopca przypominają doświadczenia młodych mężczyzn, którzy doświadczają braku ojca. Tego typu doświadczenia prowadzą do powstania dystansu między ojcem a synem. Dla niektórych młodych mężczyzn takie doświadczenia są przykre lub traumatyczne. Zanim zaczniesz czytać dalej, poświęć trochę czasu na opisanie swoich odczuć związanych z tą historią.

Pisanie dziennika

Moje odczucia związane z historią chłopca w samochodzie.

____

____

____

____

____

____

A teraz ciąg dalszy naszej historii:

Wiele lat później, gdy młody mężczyzna dorósł i opuścił dom, nigdy nie zapomniał o tym wydarzeniu z samochodu i tego, jak pozwolił, by zatruło to jego relacje z ojcem. Nigdy nie rozmawiał o tym z ojcem. Nie próbował też uzyskać od niego wyjaśnień.

Gdy młody mężczyzna (teraz już dorosły człowiek) wracał z pogrzebu do domu, znalazł się na tej samej drodze, którą pamiętał z dzieciństwa. Przypomniał sobie i zobaczył te same pofałdowane wzgórza i piękną trawę.

Westchnął głęboko, przypominając sobie przykry komentarz ojca. Kiedy jechał dalej, zwrócił uwagę na pobocze po stronie kierowcy i spojrzał przez okno, by zobaczyć to, co widział jego ojciec. Ta strona drogi była całkowicie jałowa i pozbawiona wody. Widok był szarobury. Widać było starą, zniszczoną fabrykę pokrytą graffiti i wulgarnymi hasłami. Widok od strony kierowcy w niczym nie przypominał tego, który chłopiec oglądał wiele lat wcześniej. Chłopiec i jego ojciec nigdy nie mogli zobaczyć tego, co widział ten drugi. Każdy z nich miał zupełnie inną perspektywę.

Z tej historii możemy wyciągnąć trzy ważne wnioski. Po pierwsze, na ojcu spoczywa odpowiedzialność za nawiązanie kontaktu z synem i pokierowanie nim do zdrowej męskości. Jeśli nie poświęci czasu na słuchanie syna i nie postara się zrozumieć jego doświadczeń, w ich relacji może pojawić się trudne do wyleczenia zranienie. Umiejętność zrozumienia syna i nawiązania z nim relacji powinna być najwyższym priorytetem dla każdego ojca. Niezależnie od tego, czy jest to zamierzone czy nie, w ich relacji pojawi się rozdźwięk. Ojciec będzie musiał wykazać się odwagą, by okazać pokorę, poprosić o przebaczenie i starać się zrozumieć syna.

Po drugie, dowiadujemy się, że młody chłopiec gorąco pragnie akceptacji swojego ojca. Każdy chłopiec chce być ważny i ceniony przez swojego ojca. Kiedy nie otrzymuje tej akceptacji, czuje się niepewnie. Niestety, młody chłopiec z powyższej historii pozwolił, by rana ta z czasem zaogniła się i pogłębiła. Jego brak więzi z ojcem jeszcze bardziej się uwidocznił.

Po trzecie, młody chłopiec musi przyjąć do wiadomości fakt, że jego filtr percepcyjny został uszkodzony. Być może jego ojciec nie chciał go zranić, a jedynie miał zupełnie inną perspektywę. Ojciec mógł nigdy nie dowiedzieć się, że jego słowa zraniły syna. Chłopiec ocenił ojca jako kogoś nieczułego i surowego. Decydując się to przemilczeć, chłopiec nigdy nie dał ojcu szansy na wyjaśnienie, odpowiedź lub próbę wyleczenia zranienia. Był zbyt młody, aby to zrozumieć, a jego uszkodzony filtr dodatkowo wzmocnił przeszkody na drodze przywiązania.

Podsumowując, może być wiele powodów, dlaczego młodym mężczyznom brakuje wystarczającej więzi z ojcami i mentorami. Może to być spowodowane wykorzystywaniem fizycznym czy emocjonalnym, porzuceniem, problemami z matką, krytycznymi kobietami, śmiercią ukochanej osoby, poczuciem krzywdy lub innymi czynnikami, które odciągają chłopca od kontaktu i bezpiecznego przywiązania. W każdym z tych przypadków, gdy emocjonalna izolacja chłopca zmusza go do poszukiwania innych mentorów lub poruszania się po omacku.

Rozdział 8 Pytania

1. Zaznacz wszystkie cechy, które kojarzą Ci się z Twoim ojcem:

❑ Szorstki   ❑ Nieobecny   ❑ Przemocowy   ❑ Nieczuły

❑ Brutalny   ❑ Zajęty   ❑ Gwałtowny   ❑ Niedelikatny

❑ Unikający   ❑ Słaby   ❑ Okrutny   ❑ Dominujący

❑ Zagniewany   ❑ Krytyczny   ❑ Negatywny   ❑ Niezaangażowany

2. W jaki sposób postrzeganie ojca w ten sposób utrudnia nawiązanie z nim relacji?

____

____

____

____

____

____

____

3. Zaznacz wszystkie cechy, które uważasz za charakterystyczne dla innych dorosłych mężczyzn:

❑ Szorstcy   ❑ Nieobecni   ❑ Przemocowi   ❑ Nieczuli

❑ Brutalni   ❑ Zajęci   ❑ Gwałtowni   ❑ Niedelikatni

❑ Unikający   ❑ Słabi   ❑ Okrutni   ❑ Dominujący

❑ Zagniewani   ❑ Krytyczni   ❑ Negatywni   ❑ Niezaangażowani

4. Kim są mężczyźni, których postrzegasz w ten sposób?

❏ Nauczyciele   ❏ Sportowcy   ❏ Dziadkowie   ❏ Aktorzy

❏ Duchowni   ❏ Trenerzy   ❏ Menedżerowie   ❏ Przyjaciele rodziny

❏ Bracia   ❏ Sąsiedzi   ❏ Instruktorzy   ❏ Instruktorzy harcerscy

❏ Wujkowie   ❏ Nauczyciele   ❏ Liderzy młodzieżowi ❏ Członkowie rodziny

5. W jaki sposób takie postrzeganie utrudnia nawiązanie kontaktu z dorosłymi mężczyznami?

____

____

____

____

____

6. Opisz sytuację, w której trudno Ci było nawiązać relację z ojcem.

____

____

____

____

____

____

7. Opisz sytuację, w której było Ci trudno nawiązać relacje z innymi dorosłymi mężczyznami.

____

____

____

____

____

8. Zaznacz wszystkie cechy, które kojarzą Ci się z Twoją matką:

❑ Szorstka ❑ Nieobecna ❑ Przemocowa ❑ Nieczuła

❑ Zajęta ❑ Niedelikatna ❑ Gwałtowna ❑ Niezaangażowana

❑ Unikająca ❑ Słaba ❑ Okrutna ❑ Dominująca

❑ Zagniewana ❑ Krytyczna ❑ Negatywna ❑ Nienawidząca mężczyzn

❑ Delikatna ❑ Bezpieczna ❑ Szorstka ❑ Nadmiernie zaangażowana

❑ Opiekuńcza ❑ Histeryczna ❑ Emocjonalna ❑ Przytłaczająca

9. W jaki sposób takie postrzeganie utrudnia nawiązanie relacji z matką?

____

____

____

____

____

10. W jaki sposób takie postrzeganie utrudnia stawianie zdrowych granic w relacjach z matką?

11. Jak Twoje doświadczenia zmieniły sposób postrzegania przez Ciebie dziewcząt?

Przywiązanie do chłopców

Potrzeba przywiązania ma kluczowe znaczenie. Żaden człowiek nie jest w stanie uciec od biologicznego popędu do tworzenia więzi. Ludzie mają wewnętrzną potrzebę szukania więzi. Badacz Philip Flores stwierdził, że ludzie są tak zaprogramowani, że potrzebują ludzi[21].Jest przekonany, że ta potrzeba jest biologicznie uwarunkowana i ma swoje korzenie w naszym mózgu.

Mimo tej potrzeby niektórzy chłopcy mają trudności z nawiązywaniem więzi z innymi chłopcami. Z jednej strony brakuje im poczucia przynależności, ale z drugiej mogą czuć się wyobcowani, odizolowani, pominięci, odrzuceni, odsunięci na bok i nie być częścią grupy. Mogą doświadczać "wyobcowania" od rówieśników tej samej płci, co jest po prostu inną formą izolacji. Poczucie wyobcowania jest często spowodowane zachowaniem innych chłopców. Młody mężczyzna ma naturalną potrzebę bycia lubianym, docenianym i akceptowanym przez grupę. Chce spędzać czas na rozmowach, dzieleniu się i przebywaniu razem – być częścią grupy. Ma nadzieję, że nawiąże więź i poczuje się potrzebny rówieśnikom tej samej płci. Szuka prawdziwej miłości, którą inni chłopcy bezinteresownie oferują[22]. Jeden z autorów zasugerował, że *"mężczyźni potrzebują wsparcia innych mężczyzn, gdy sytuacja*

---

21 Flores, P. J. (2012). *Addiction as an attachment disorder.* Lanham: Jason Aronson, S. 218..

22 BBaer, G. (2003). *Real love: The truth about finding unconditional love and fulfilling relationships.* New York: Gotham Books, S. 45.

---

wydaje się kompletnie beznadziejna. Potrzebujemy kogoś, kto wyciągnie nas z dżungli, gdy mamy nogi [zranione] przez życiowe miny."[23]

Dobrym przykładem męskiej więzi jest film *The Sandlot* (polski tytuł filmu to *Amatorzy sportu*). Chłopcy organizują biwak, jedzą słodkości, opowiadają historie o duchach, przekomarzają się, dzielą sekretami, rozmawiają o dziewczynach i przeżywają razem wspaniałe przygody. Chłopcy chcą przeżywać przygody ze sobą nawzajem. Co ciekawe, niektórzy psychologowie zauważyli, że chłopcy okazują miłość poprzez działanie. Chłopiec jest bardziej skłonny do budowania więzi poprzez aktywność niż po prostu rozmowę[24].

Analogicznie, chłopcy często rywalizują ze sobą fizycznie i nawiązują przyjaźnie dzięki temu doświadczeniu. Rywalizacja staje się formą troski – sposobem na wzajemne podnoszenie się na duchu, wspieranie się i współpracę w zespole. Dzięki rywalizacji i pracy zespołowej razem rozwijają się. Niestety, chłopiec stojący gdzieś z boku będzie pomijany i będzie miał mniejsze szanse na to, by dostać zaproszenie do grupy[25].

Pragnienie nawiązania relacji między osobami tej samej płci wydaje się oczywiste. I znowu, w filmie *The Sandlot* zostało to fantastycznie zilustrowane. Film przedstawia tęsknotę chłopca za ojcem, która zostaje zaspokojona przez wsparcie i miłość młodych mężczyzn z sąsiedztwa. *"Żaden człowiek nie jest stworzony do samotnego podróżowania lub walki bez osłaniającego ognia. I żaden człowiek nie jest naprawdę bezpieczny bez autentycznej przyjaźni"*[26]. Brak możliwości nawiązania więzi prowadzi do wyobcowania, a tęsknota za przywiązaniem utrzymuje się.

Dobre wyjaśnienie wyobcowania zostało przedstawione przez gejowskiego autora, który na wspomnienie bycia wyśmiewanym wzdraga się. Inni chłopcy nazywali go lizusem i pedałem na długo przed tym, zanim którykolwiek z nich wiedział, co to znaczy. Wiedział tylko, że było to coś niewypowiedzianego i że pozostali chłopcy uważali go za odrażającego. Niestety, chłopcy, którzy się izolują, mają wpojone przezwiska, którymi ich określano podczas dokuczania i drwin. Etykiety te są jak kołki wbijane w ich serce i toksyczne dla duszy. Bycie nazywanym lizusem lub mięczakiem nie jest niczym pozytywnym ani wzmacniającym[27].

Czy kiedykolwiek słyszałeś powiedzenie: *„Kije i kamienie połamią moje kości, ale słowa*

23 Dusek, D. (2015). *Rough Cut Men - A Man's Battle Guide to Building Real Relationships with Each Other and with Jesus.* Issaquah, WA: Made For Success Publishing, S. 36.

24 Pollack, W. S. (1999). *Real boys: Rescuing our sons from the myths of boyhood.* New York: Henry Holt and Company, S. 66.

25 Gurian, M. (2006). *The wonder of boys: What parents, mentors and educators to do to shape boys into exceptional men.* New York: Jeremy P. Tarcher/Penguin, S. 29.

26 Dusek, D. (2015), S. 47.

27 Crawford, D. (1998). *Easing the Ache: Gay men recovering from compulsive behaviors.* Center City, MN: Hazelden.

nie sprawią mi przykrości"? W moim przypadku i w przypadku innych osób takich jak ja, wyzwiska były bardziej bolesne niż kije i kamienie. Zadrapania i siniaki powstałe po użyciu prawdziwych kijów i kamieni goją się łatwiej niż emocjonalne zranienia spowodowane odrzuceniem, dokuczaniem i drwinami.

Odrzucenie to rana, która powstaje, gdy osoby wokół nas wysyłają wyraźny sygnał, zamierzony lub niezamierzony, że nie jesteśmy wystarczająco dobrzy, że nie jesteśmy chciani, że nie jesteśmy wartościowi lub że nie jesteśmy częścią grupy[28].

Jako młody mężczyzna szukałem akceptacji ze strony chłopców w moim wieku. Doświadczyłem wyzwisk i etykietowania. Nazywano mnie mięczakiem. Byłem poniżany i odpychany przez innych chłopców. Nawet chłopcy w kościele (miejscu, w którym powinno się czuć kochanym i akceptowanym) mnie pomijali. Zamiast czuć się jednym z nich, czułem się jak wyrzutek. Poczucie całkowitego odrzucenia było silne, a moje marzenie, by mieć kumpli wydawało się niemożliwe do spełnienia.

Aby sobie z tym poradzić, stworzyłem prosty wzorzec unikania; przestałem próbować nawiązywać z nimi kontakt w jakikolwiek sensowny sposób. Potęgowało to moje poczucie

---

28 Love, T. L. (2017). *Finding Peace - A Workbook on Healing from Loss, Neglect, Rejection, Abandonment, Betrayal and Abuse.* Yuma, AZ: Love and Light Publishing, S. 15.

samotności i wyobcowania.
Nie chciałem się z nimi
bawić, ponieważ czułem się
zraniony. To było podwójne
wiązanie (blokada):
chciałem wchodzić w
interakcje, ale byłem

Nie można pomijać potrzeb przywiązania

przekonany, że zostanę odrzucony. Czułem się tak, jakbym przegrał tak czy inaczej. Wyglądało to trochę tak, jakbym jednocześnie trzymał jedną nogę na pedale hamulca, a drugą na pedale gazu. Koła się kręciły, ale ja nie ruszałem się z miejsca.

Izolowałam się zarówno fizycznie, jak i emocjonalnie. Unikałem chłopaków w szkole tak często, jak to było możliwe. Spotykałem się z dziewczynami, które były dla mnie miłe. Wciąż powtarzałem sobie: "Nie obchodzi mnie, co mówią chłopcy", choć w głębi duszy tak naprawdę mnie to obchodziło.

Kiedy chodziłem do liceum moja rodzina przeprowadziła się do małego miasteczka zamieszkałego przez kowbojów i farmerów. Starałem się tam odnaleźć, ale był to dla mnie szok kulturowy. Moje podstawowe emocje, takie jak smutek, strach i złość – których nie umiałem wyrazić – przybrały na intensywności. Moja fobia społeczna nasiliła się, co spowodowało, że jeszcze bardziej odizolowałem się od innych młodych mężczyzn. Miałem wrażenie, że dzieci mnie nie akceptowały szczególnie w szkole. Czułem się inny i niemile widziany. Byłem dzieciakiem z dużego miasta, które próbowało odnaleźć się wśród dzieciaków z małego miasteczka. Nie było jak stać się członkiem grupy.

Pewnego dnia w trakcie lekcji nauczyciel wstał i wyszedł z sali. Gdy drzwi się już zamknęły, łobuzerska grupa nastolatków zaczęła rzucać we mnie ściereczkami do wycierania kredy z tablicy. Kiedy nauczyciel wrócił do sali unosił się wokół mnie tuman pyłu kredowego. Byłem zażenowany i zły, ale tłumiłem w sobie te emocje jak pod przykrywką szybkowaru. Wyglądało na to, że kowbojskie dzieciaki chciały pokazać mi, gdzie jest moje miejsce. Byłem modnym nastolatkiem stylowo ubranym i ostrzyżonym, co sprawiało, że byłem łatwym obiektem ataków w tym małym miasteczku. Często po lekcjach byłem zapraszany do bicia się z chłopakami, których nie znałem. To sprawiało, że mój strach i niepokój wzrosły, a ja usilnie próbowałem nie doprowadzić do konfrontacji. Nie mając żadnego ujścia dla swoich emocji po prostu zaciskałem zęby. Patrząc wstecz widzę, że mogłem wchodzić w sytuacje, które utrudniały mi dopasowanie się. W każdym razie uczucia odrzucenia i odłączenia były bardzo silne.

A oto ważny wniosek: kiedy chłopiec czuje się wyalienowany, może zacząć ignorować swoją potrzebę przywiązania. Nie nawiązuje więzi i odsuwa się od rówieśników płci męskiej. Może zacząć udawać, że nic go to nie obchodzi i próbować zagłuszyć tę ważną potrzebę.

Jednak pragnienie bycia kochanym i akceptowanym przez innych chłopców i mężczyzn jest ważną częścią dorastania. Nie można zlekceważyć tych potrzeb przywiązania. Jest to naturalne pragnienie, które nie znika tak po prostu. Wszyscy chłopcy odczuwają wewnętrzną potrzebę, by móc utożsamić się z innymi chłopcami i tworzyć z nimi relacje. Chcą być częścią grupy i czuć, że są "jednym z nich". W okresach rozwoju społecznego, gdy nie ma zdrowego ujścia dla podstawowych emocji, te niezaspokojone potrzeby przywiązania mogą zostać zseksualizowane.

Jednym z powodów, dlaczego terapia grupowa jest tak pomocna w przypadku zseksualizowanych przywiązań, jest ciągła potrzeba więzi. Uzasadnione potrzeby są zaspokajane poprzez zdrową bliskość. Alexandra Katehakis zauważyła, że większość osób wychodzących z uzależnienia od seksu osiąga szybszą poprawę w terapii grupowej, ponieważ nasze mózgi są organami społecznymi, które potrzebują społeczności do rozwoju i wyzdrowienia[29].

---

29 Katehakis, A. (2016). *Sex addiction as affect dysregulation: A neurobiologically informed holistic treatment.* New York: W.W. Norton & Company, S. 225.

Rozdział 9 Pytania

1. Które z poniższych słów najlepiej opisują twoje doświadczenia związane z wyobcowaniem?

❑ Osamotniony   ❑ Wyszydzany   ❑ Odrzucony   ❑ Niedoceniany

❑ Ofiara dokuczania   ❑ Zapomniany   ❑ Wyobcowany   ❑ Porzucony

❑ Ignorowany   ❑ Pomijany   ❑ Wykorzystywany   ❑ Odtrącany

❑ Samotny   ❑ Krytykowany   ❑ Pobity   ❑ Niezauważany

2. Napisz ze szczegółami, jak to wyobcowanie wygląda w Twoim przypadku.

____

____

____

____

____

____

3. Opisz sytuację, w której czułeś się odtrącony lub wyobcowany w relacjach ze swoimi rówieśnikami płci męskiej.

____

____

____

____

____

4. W jaki sposób najczęściej izolujesz się od innych mężczyzn?

5. Czy są jakieś sytuacje, w których Ty sam powodujesz wyobcowanie?

6. Opisz sytuację, w której czułeś się wyobcowany lub odłączony od rówieśników płci męskiej i odczuwałeś silne pragnienie ich uwagi lub uczucia.

7. Jakich podstawowych emocji doświadczałeś będąc dzieckiem? Lęk? Smutek? Złość? Opisz je, proszę.

Zgodność płci

Postrzeganie męskości

Większość rodziców stara się pomóc swoim dzieciom, każde będące niepowtarzalną osobą, by czuły się dobrze i pewnie w swojej skórze. Niemniej jednak dzieci muszą zdecydować, czy jako chłopcy czują się męsko bądź kobieco jako dziewczynki. Kiedy chłopiec zaczyna czuć się naturalnie dobrze jako mężczyzna, a dziewczynka – jako kobieta, rozwija się w nich poczucie zgodności z własną płcią. Innymi słowy, sposób, w jaki postrzegają siebie jest zgodny z ich własnym postrzeganiem tego, co jest męskie albo kobiece. Poczucie zgodności buduje tożsamość płciową dziecka, która jest zasadniczo jego wrodzonym poczuciem własnej osoby.

Zgodność płci (ang. gender congruency) nie jest kwestią moralną. Jest to po prostu odniesienie tego, co dziecko postrzega jako męskie lub kobiece do jego własnego postrzegania siebie. Bycie zgodnym z własną płcią oznacza, że postrzeganie męskości lub kobiecości przez dziecko jest całkowicie zgodne z tym, jak postrzega ono siebie. Innymi słowy, jego percepcja tego, czego się kulturowo oczekuje (od mężczyzn i kobiet) pasuje do percepcji siebie jako chłopca albo dziewczynki. Jeśli jego postrzeganie męskości lub kobiecości wydaje się inne niż to, jak postrzega siebie, wówczas ma wrażenie braku zgodności z własną płcią.

Na zgodność płci często wpływają normy kulturowe i problemy z przywiązaniem. Ponadto istnieją różne stopnie zgodności, ponieważ nikt nie jest w 100% zgodny z postrzeganiem siebie jako w pełni mężczyzny lub kobiety. Co ciekawe, spotkałem się z wieloma przypadkami osób dorosłych z wyraźną niezgodnością, które również zgłaszały poważniejsze problemy z przywiązaniem.

Chłopcy nabierają pewności co do własnej męskości, gdy dorastają i mogą sprawdzać się wraz z innymi chłopcami i mężczyznami. Zaczynają postrzegać siebie jako kompetentnych w środowisku mężczyzn. Różne kultury mają swoje standardy męskich i kobiecych zachowań. W niektórych kulturach chłopcy, aby nabrać pewności

---

siebie, poddają się sprawdzianom w lekkoatletyce, nauce, harcerstwie, mechanice lub innych dziedzinach. Szukają okazji, by udowodnić samym sobie, że są "kompetentni".

Obrzędy inicjacji oznaczające przejście chłopca w wiek męski były kultywowane w niektórych kulturach, zwłaszcza wśród afrykańskich Masajów, amerykańskich Lakotów, starożytnych Rzymian i narodu żydowskiego[30]. Niestety tego typu obrzędy przejścia nie mają miejsca w różnych bardziej rozwiniętych krajach, takich jak Stany Zjednoczone. Chłopcy często muszą szukać odpowiedzi na własną rękę. *"Są zdezorientowani, zranieni i czują się całkowicie niekompletni. Rzadko dowiadują się od najbliższych im dorosłych, co to znaczy stać się mężczyzną lub dowiadują się dopiero wtedy, gdy już się nim staną"*[31].

Chłopiec może mieć świadomość swoich części ciała, które czynią go mężczyzną, ale niestety postrzega siebie jako kogoś, kto nie spełnia oczekiwań swojej kultury. Pragnie być taki jak inni chłopcy, ale nie czuje, że im dorównuje – ma poczucie, że nie należy do plemienia. Jeśli zacznie izolować się od innych chłopców, jego osobiste poczucie niedostosowania pogłębi niezgodność płci.

Pewien autor o orientacji homoseksualnej wspomniał kiedyś, że pamięta, jak był wybierany do drużyny jako ostatni, dokuczano mu, że rzuca jak dziewczyna i był obiektem żartów podczas zabaw wymagających ruchu. Przerażały go zajęcia na siłowni i przebywanie w szatni. Czuł się całkowicie nie na miejscu przy innych chłopcach i zawsze miał wrażenie, że robią sobie z niego żarty[32]. Jego wewnętrzne poczucie niezgodności było bardzo silne.

W wielu przypadkach poczucia niezgodności ze swoją płcią chłopiec czuje się zakłopotany, speszony lub zdezorientowany i stara się to ukryć. Ale czasami niezgodność płci staje się bardziej oczywista, jeśli chłopiec jest zniewieściały lub zachowuje się jak dziewczyna. Taki młody mężczyzna nie wyraża cech męskich. Może nawet rozwinąć niechęć do tego, co kojarzy się z męskością. Ponadto może unikać pewnych męskich aktywności, ponieważ ich nie rozumie lub niepokoją go one.

Zranienia emocjonalne związane ze sportem i lekkoatletyką mogą być częstym doświadczeniem, powodującym poczucie braku bezpieczeństwa. Zranienia te utrudniają dopasowanie się do świata chłopców i mężczyzn. Zranieni chłopcy mogą porównywać się z innymi, gdy nie są w stanie radzić sobie na tym samym poziomie. Dokuczanie, wyśmiewanie lub bycie ostatnim wybranym do drużyny może osłabiać ich poczucie pewności siebie. Jeden

---

30 Molitor, B. D. (2001). *A Boy's Passage - Celebrating Your Son's Journey to Maturity.* Colorado Springs, CO: WaterBrook Press, S. 1-16.

31 Molitor, B.D. (2001), S. 23.

32 Crawford, D. (1998). *Easing the Ache: Gay men recovering from compulsive behaviors.* Center City, MN: Hazelden.

z psychiatrów zauważył, że zranienia emocjonalne odniesione w związku ze sportem mają negatywny wpływ na postrzeganie siebie przez chłopca i jego pewność siebie w świecie chłopców i mężczyzn.

Ma to wpływ na jego przyjaźnie, tożsamość płciową i postrzeganie własnego ciała. Jego negatywny obraz siebie i potrzeba przywiązania mogą prowadzić go do silnego pragnienia męskości rówieśników płci męskiej[33]. Inny autor zaobserwował, że klient odczuwał silny pociąg do innych mężczyzn, gdy czuł się przytłoczony lub że nie dał rady (niewystarczający)[34].

Psychologowie Hockenberry i Bingham także odkryli, że poprzez wzajemne modelowanie doświadczeń chłopcy uczyli się zachowań, które wspierały zdrową tożsamość i osobiste poczucie męskości[35]. Innymi słowy, wygląda na to, że była to wyuczona pewność siebie.

Kiedy zacząłem pracować z terapeutą, aby się odbudować, zdałem sobie sprawę, że jako dziecko bałem się obrażeń, unikałem bójek, bawiłem się częściej z dziewczynkami, a także opisywałem siebie jako samotnika, który rzadko brał udział w chłopięcych zabawach wymagających współzawodnictwa. Cechy te nie pozwalały mi na zdrowe i typowe chłopięce interakcje, które dają poczucie siły, męskości i zgodności płci. Doświadczałem niezgodności płci w młodym wieku. W jakiś sposób czułem się mniej „prawidłowy" niż moi rówieśnicy.

Jeden z moich dorosłych klientów ujął to w ten sposób: *"Patrzyłem jak inni chłopcy się bawią i pragnąłem być zręczny i wysportowany. Chłopcy w moim otoczeniu wydawali się lepsi ode mnie, mieli lepszą koordynację i byli bardziej wysportowani. Nie nauczyłem się grać w sporty zespołowe. Nie potrafiłem zrozumieć brutalnych zabaw i wygłupów. Z pewnością nie postrzegałem ich jako sposobu na budowanie męskich więzi. Nie wiedziałem, jak robić rzeczy, które instynktownie uważałem za męskie. Typowe zadania i aktywności, w które angażowali się chłopcy, były mi obce. Nie byłem częścią ich świata. Czułem się niedopasowany jako mężczyzna. Rozpaczliwie pragnąłem poczuć się męski i pewny siebie".*

---

33 Fitzgibbons, R., MD. (ohne Datumsangabe) *The Origins and Healing of Homosexual Attractions.* Abgerufen am 28. Juli 2018, https:// www.catholicculture.org/culture/library/view.cfm?id=3112.

34 Ethridge, S. (2012). *The Fantasy fallacy: Exposing the deeper meaning behind sexual thoughts.* Waterville, ME: Christian Large Print Originals, S. 135.

35 Hockenberry, S. L. und Billingham, R. E. (1988). *Sexual orientation and boyhood gender conformity: Development of the Boyhood Gender Conformity Scale (BGCS). (Boyhood Gender Conformity Scale)]* Archives of Sexual Behavior, 17(3), 287-287. doi:10.1007/bf01541748

Rozdział 10 Pytania

1. Zgodność płci występuje wtedy, gdy ______________________ przez daną osobę tego, co uważa się za męskie jest zgodne z postrzeganiem ______________________.

2. Jakie cechy postrzegasz jako męskie? Wypisz inne niewymienione poniżej.

❑ Wysportowany ❑ Bystry ❑ Pewny siebie ❑ Sprawny technicznie

❑ Otwarty ❑ Umięśniony ❑ Wysportowany ❑ Dobrze ubrany

❑ Zabawny ❑ Towarzyski ❑ Wykształcony ❑ Silny

❑ Inne ____

❑ Inne ____

❑ Inne ____

❑ Inne ____

❑ Inne ____

3. Jakie swoje cechy postrzegasz jako niemęskie?

____

____

____

____

____

____

____

POWRÓT DO PEŁNI ŻYCIA

4. Jakich męskich cech najbardziej zazdrościsz innym chłopcom lub mężczyznom?

____

____

____

____

____

____

____

5. Opisz sytuację, w której czułeś się mniej męski i porównywałeś się z innymi chłopcami lub mężczyznami.

____

____

____

____

____

6. Opisz sytuację, w której zazdrościłeś innym chłopcom ich męskich cech.

Emocjonalne zaabsorbowanie

Emocje w relacjach z chłopcami

Poszukiwanie więzi niesie ze sobą wiele trudności i zranień. Dla niektórych chłopców nawiązanie zdrowej więzi staje się poważnym wyzwaniem. Czasami młody mężczyzna z zseksualizowanym przywiązaniem może nie mieć kontaktu ze swoim ojcem. Może czuć się odseparowany i wyobcowany od innych chłopców. Poczucie niższości może sprawić, że będzie się skupiał na myśleniu o chłopcach i męskich cechach. Zmagania dotyczące przywiązania tworzą wir uczuć i powodują pojawienie się zaabsorbowania (zamieszania) emocjonalnego.

Zaabsorbowanie emocjonalne obejmuje myśli i uczucia będące skutkiem braków przywiązania i zranieniami. Przykładami mogą być zazdrość, zawiść, strach, niepokój, obsesyjne rozmyślanie, fantazje, ubóstwianie kogoś, porównywanie się lub ciekawość. Zaabsorbowanie emocjonalne przeradza się w wewnętrzny przymus.

Gdy chłopiec się rozwija, jego ciało produkuje hormony, które powodują popęd seksualny. Jest to zupełnie naturalne i normalne, a jednocześnie nowe i ekscytujące. Każdy młody mężczyzna doświadcza rosnącej ciekawości seksualnej. Ciekawość ta wzrasta w miarę dojrzewania, więc nigdy nie wstydź się, że masz popędy seksualne; nie są one niczym złym. Uczucia te są naturalną częścią ludzkiego doświadczenia; są one dobre.

Gdy jednak młody mężczyzna jest emocjonalnie zaabsorbowany innymi chłopcami lub męskością, podczas gdy w tym samym czasie jego popęd seksualny rośnie, to impulsy te będą się przyciągać. W skrócie, intensywność emocjonalna przyciąga popęd seksualny jak magnes i wiążą się one ze sobą. Im dłużej to trwa, tym mocniej się to utrwala. Z czasem impuls seksualny pojawia się za każdym razem, gdy wzrasta zaabsorbowanie emocjonalne. Z czasem staje się to automatyczne i można odnieść wrażenie, że zawsze tak było. Niektórzy powiedzą, że wydaje się to naturalne. W końcu trudno będzie odróżnić, co jest seksualne, a co emocjonalne, ponieważ są one tak ściśle ze sobą powiązane.

Na tym etapie rozwija się schemat pobudzenia, a popęd seksualny chłopca przeplata się z emocjami. W miarę upływu czasu schemat ten ulega wzmocnieniu i staje się schematem pobudzenia. Chłopiec może mieć potrzebę miłości i uwagi ze strony innych mężczyzn lub chłopców (potrzebę przywiązania), ale teraz dążenie do tego przywiązania przeradza się w pożądanie seksualne. Niespełniona potrzeba więzi wyraża się za pomocą energii seksualnej.

Zazdrość i zawiść

Większość chłopców podziwia młodych mężczyzn za różne cechy i atrybuty. Jest to normalne. Po cichu obserwują ich i myślą: *„Chciałbym być tak popularny jak on"*, *„Chciałbym mieć tak umięśnione ciało jak on"* lub *„Gdybym tylko był tak dobry w sporcie jak on"*. Te myśli pełne zazdrości lub zawiści są czymś zupełnie naturalnym. Chociaż większość młodych mężczyzn doświadcza zazdrości, większość z nich nie odczuwa jej tak intensywnie, jak młody mężczyzna ze zranieniami związanymi z przywiązaniem. Dlaczego? Ponieważ większość chłopców czuje, że należy do grupy – że jest *"jednym z chłopaków"*. Nie czują się nadmiernie zaniepokojeni ani niezdolni do robienia męskich rzeczy.

Inny z moich bliskich przyjaciół w procesie zdrowienia powiedział: „Wszystko, czego kiedykolwiek pragnąłem, to być częścią grupy. Chciałem grać w piłkę i nie czuć się jak mięczak. Żartować i dobrze się bawić z kumplami. Chciałem czuć się jak zwykły facet. Ale zamiast tego tylko ich obserwowałem i podziwiałem. Byłem przepełniony zazdrością i pragnieniem bycia takim jak oni. Chciałem do nich pasować, być przez nich akceptowany i mile widziany. Zamiast tego pojawiła się ogromna dawka zawiści, zazdrości, odrzucenia i tęsknoty".

Podobnie jak mój przyjaciel, pamiętam jak obserwowałem chłopaków w szatni i czułem zazdrość o wygląd ich ciała. Chciałem, żeby moje wyglądało tak jak ich. Kiedy siedziałem w klasie, obserwowałem jak inni chłopcy żartują. Tak bardzo chciałem być zabawny i popularny jak oni. Zazdrościłem im przyjaźni. Chciałem należeć do grupy. Kiedy byłem w kościele, patrzyłem jak grają w koszykówkę i pragnąłem umieć dobrze grać. Chciałem być częścią grupy i czuć się pewnie pod względem sprawności fizycznej. Zwykle trzymałem się z boku i pozwalałem, by zazdrość i zawiść zaprzątały mój umysł. Zazwyczaj odczuwałem lęk społeczny, więc zamiast uczyć się grać lub nawiązywać kontakty towarzyskie, po prostu siedziałem z boku i pozwalałem, by pochłaniały mnie moje myśli. Energia zazdrości przenikała moją duszę. Często powtarzałem sobie: *„Po prostu nie jestem taki jak inni. Jestem jakiś odmienny"*.

Strach i lęk

Strach zmusza ludzi do dbania o bezpieczeństwo i unikania ryzyka. Często ukrywamy nasze strachy przed innymi. Trzymanie strachu uwięzionego w sobie tylko potęguje jego energię, a nasze strachy przeradzają się w lęk.

Pamiętam spotkanie z młodym mężczyzną, który miał zranienia związane z przywiązaniem

---

do rówieśników. Jego rodzice zapisali go do harcerstwa, ale powiedział mi, że czuje się lepszy od chłopaków ze swojego zastępu. Powiedział też, że nie lubi harcerstwa i uważa je za stratę czasu. Jednak jego deklarowanym celem terapii było odzyskanie więzi z innymi młodymi mężczyznami, więc zasugerowałem, by skorzystał z tej możliwości i zaangażował się w harcerstwo. Spojrzał na mnie i powiedział: *„Powiedziałem ci, że nie lubię harcerstwa i że to dla mnie strata czasu”*.

W dalszym ciągu przekonywałem go, że próbowanie nowych rzeczy nie zaszkodzi. Przecież prosił mnie o pomoc w nawiązaniu kontaktów z rówieśnikami. Zasugerowałem, że może to być dobre doświadczenie, jeśli zrezygnuje ze swoich własnych osądów. Zirytowanym głosem powiedział: *„Nie możesz mnie do tego zmuszać. Nie podoba mi się to!”*. Zaczął mówić podniesionym tonem i wyglądało na to, że wpada w lekką panikę. Byłem zaskoczony jego reakcją, więc poprosiłem go, by powiedział mi coś więcej. Rozpłakał się, zwiesił głowę i ujawnił swój lęk przed odrzuceniem i zakłopotanie.

Potem przyznał, że jego reakcja była reakcją lękową. Bardzo bał się odrzucenia. Nie chciał, by inni postrzegali go jako słabego lub niekompetentnego. Chciał odnaleźć się wśród tych chłopców, a nie być wyrzutkiem. Zamiast stawić im czoła, ukrył swój strach i zaczął odczuwać lęk związany z harcerstwem.

Pracowałem z innym młodym mężczyzną, który był zarozumiały w stosunku do innych chłopców. Pouczał ich za każdym razem, gdy mówili o dziewczynach w romantyczny lub interesujący sposób. Mówił: *„Kobiety nie powinny być traktowane jak przedmioty”*. Mówił im, że to złe i że powinni cenić dziewczyny za to, kim są. Następnie stwierdził, że skupianie się na wyglądzie kobiety jest bezbożne. Jego pouczenia zostały odebrane jako zarozumiałe i aroganckie, w wyniku czego inni chłopcy odsunęli się od niego. Łączyła ich naturalna ciekawość dziewcząt, a nie ich napastowanie czy uprzedmiotawianie. Ale jego strach przed popełnieniem grzechu i okazaniem się nieudolnym wywoływał lęk. Lęk ten doprowadził go do zdystansowania się od chłopców i ich beztroskich rozmów o dziewczynach. Tym samym zrezygnował z przyjaźni i męskich więzi, których bardzo potrzebował.

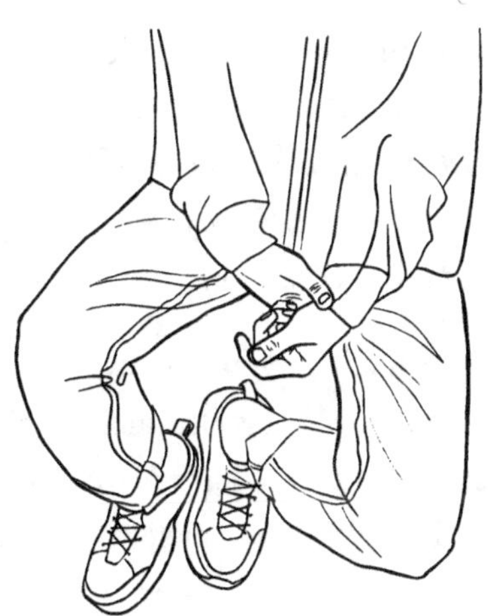

W niektórych przypadkach u młodego mężczyzny rozwija się lęk kliniczny. Taki stan stanowi przeszkodę w budowaniu więzi i przywiązania. Wiąże się z nieustannym zamartwianiem się i tzw. ruminacjami (czyli obsesyjnymi myślami), które ostatecznie powodują dolegliwości fizyczne: bóle głowy, bóle brzucha, bóle ciała, biegunkę lub inne dolegliwości. Ogólny niepokój, fobie lub tendencje obsesyjno-kompulsywne mogą sprawić, że interakcje społeczne będą niezręczne i niekomfortowe. Fobie mogą rozwinąć się w odniesieniu do aktywności, które chłopcy często wykonują razem, takie jak uprawianie sportu.

Młody mężczyzna może odczuwać lęk, który uniemożliwia mu zrelaksowanie się na tyle, by nawiązać relacje z innymi. W tym przypadku konieczna jest terapia w celu zmniejszenia tego lęku i nabycia prawidłowych umiejętności społecznych.

Ruminacje i negatywność

Ruminować oznacza, że coś nadmiernie rozpamiętujemy. Ja pozwalałem sobie żywić urazę i gniew wobec ojca i innych osób, które moim zdaniem mnie odrzuciły. Mój umysł wypełniały złorzeczenia i wyobrażenia odwetu. Chociaż mój ojciec czasami przepraszał, odpowiadałem w myślach: *„Nie ma znaczenia, co mówisz. I tak cię nienawidzę!"*. Nigdy nie powiedziałem tego na głos, ale myślałem w ten sposób. Podobnie nosiłem w sobie złość wobec innych chłopców, którzy mnie ignorowali, dokuczali mi lub znęcali się nade mną.

Pogrążony w rozżaleniu, skupiałem się na własnych słabościach. Nie chciałem dostrzegać swoich dobrych stron i osiągnięć. Zafiksowałem się na myślach o własnej niedoskonałości. Jeśli zostałem w tyle podczas zajęć WF-u, myślałem o tym przez cały dzień. Koncentrowałem swoje myśli na osobistych porażkach i pomijałem sukcesy. Nie miało znaczenia, że byłem teraz sławny, muzykalny, otrzymałem stypendium Sterling Scholar, zdobyłem 21 sprawności harcerskich i zostałem kapitanem drużyny pływackiej - ponieważ pozwalałem, by moje porażki przyćmiewały moje sukcesy. Byłem mistrzem w roztrząsaniu – skupianiu się na negatywnych rzeczach dotyczących mnie i innych osób.

Fantazjowanie

Gdy nie byłem w szkole, spędzałem czas myśląc o facetach i przypominając sobie własne słabości. *„Gdybym był taki jak ten facet, to wszyscy by mnie lubili"* lub *"Nie mogę zaakceptować siebie, ponieważ moje ciało nie jest zbudowane i umięśnione jak tego faceta"* lub *„Spędzałby ze mną czas, gdybym nie śmierdział w trakcie gry w softball"* lub *„Gdybym nie był takim nieudacznikiem, miałbym grupę bliskich kumpli"*.

Potrafiłem przywołać w umyśle żywe obrazy wyidealizowanych atrybutów, których mi brakowało. Wyobrażałem sobie siebie jako znanego sportowca. Wyobrażałem sobie chwile świetności w sporcie. Marzyłem o dobrych chwilach spędzonych wspólnie z najlepszym przyjacielem. Te marzenia wypełniały mój umysł i powodowały jeszcze większe niezadowolenie. To prawie tak, jakbym marzył o zaspokojeniu moich potrzeb i uleczeniu zranień związanych z przywiązaniem.

Ubóstwianie

Zdarzało się, że zazdrość osiągała wyższy poziom, stawiając innych młodych mężczyzn na piedestale. Zranienia związane z przywiązaniem sprawiały, że ubóstwiałem innych chłopców. Uważałem ich za niezwykłych ludzi. Cechy, które w nich podziwiałem, stawały się najważniejsze. W mojej głowie postrzegałem innych młodych mężczyzn jako lepszych ode mnie. Skupiałem się na godnych podziwu cechach, które posiadali, jednocześnie minimalizując swoje własne. Uważałem tych młodych mężczyzn za ważniejszych i bardziej wartościowych od siebie.

Pamiętam jak będąc nastolatkiem przeglądałem katalogi z odzieżą i zwracałem uwagę na stylowe ubrania. Większość młodych mężczyzn na zdjęciach była atrakcyjna, rozwinięta fizycznie, uśmiechnięta i pewna siebie. Chciałem być taki jak chłopaki na zdjęciach: pewny siebie, wysportowany, szczęśliwy i zabawny. To były cechy, które uwielbiałem.

Kilku przyjaciół, których poznałem w moim programie wychodzenia z uzależnienia, pomogło mi to lepiej zrozumieć. Pierwszym z nich był Alan, który opisał tęsknotę za męskim kontaktem, którego nigdy nie doświadczył w dzieciństwie. Potrzebował on wszelkiego rodzaju kontaktu z tymi, których postrzegał jako prawdziwie męskich. Powiedział, że ta tęsknota przerodziła się w uwielbienie dla chłopców, którzy posiadali określone cechy.

Drugi z nich, Rich, powiedział, że czuł się niedoskonały jako mężczyzna i pragnął być akceptowany i doceniany przez tych, których męskość najbardziej podziwiał. Zaczął ubóstwiać w innych mężczyznach cechy, których jego zdaniem brakowało jemu samemu. Stawiał ich również na piedestale, czyli powyżej siebie i niedostępnych, co z kolei potęgowało jego problem.

Porównywanie się

Gdy zacząłem ubóstwiać rówieśników tej samej płci, zacząłem postrzegać siebie jako gorszego od nich pod wieloma względami; porównywałem się z nimi. Chłopcy ze zranieniami związanymi z przywiązaniem często dokonują nierzetelnych porównań. Biorą pod uwagę idealne cechy innych młodych mężczyzn i porównują się przez ich pryzmat ze swoimi niedoskonałościami i swoimi słabymi stronami. Często trudno jest uniknąć porównań. Młody mężczyzna porównuje się z innymi chłopcami w zakresie cech, których w jego przekonaniu mu brak. Jest to zupełnie niesprawiedliwe wobec niego samego.

Porównywałem dosłownie wszystko. Myślałem, że nie jestem tak wysportowany jak inni chłopcy (chociaż byłem kapitanem drużyny pływackiej), postrzegałem siebie jako chudego i małego (chociaż byłem umięśniony i miałem ładną rzeźbę ciała dzięki pływaniu), uważałem, że nigdy nie byłem zabawny (chociaż koledzy śmiali się z moich żartów), sądziłem, że nigdy nie byłem tak popularny (chociaż w liceum byłem nominowany do tytułu „Człowieka Roku"). Ciągle się dołowałem i byłem psychicznie wykończony ciągłym porównywaniem się z innymi.

Ciekawość

Nie rozumiałem innych chłopców i nieustannie się z nimi porównywałem. Nie mogłem się z nimi identyfikować. Stali się dla mnie intrygujący w nowy sposób. Byłem ciekaw, jak myślą i dlaczego zachowują się tak, a nie inaczej. Co więcej, nie wiedziałem, jak poznać odpowiedzi. Później zdałem sobie sprawę, że chłopcy zaspokajają ciekawość po prostu zadając pytania, rozmawiając i wchodząc w interakcje. Przegapiłem te okazje, ponieważ się wycofałem. Nie miałem żadnej trwałej relacji z żadnym kumplem, z którym mógłbym przedyskutować życiowe pytania lub problemy.

Zmiany w okresie dojrzewania również były dla mnie zagadką. Nie rozumiałem, co dzieje się z moim ciałem. Miałem opory przed rozmawianiem o tym z innymi chłopcami i moja ciekawość zmian zachodzących w ich ciałach pozostawała niezaspokojona. Byłem niepewny i niespokojny. Te fascynujące, ale jednocześnie dziwne zmiany sprawiały, że nie rozumiałem, co się dzieje.

Później zdałem sobie sprawę, że przegapiłem wspólne doświadczenia, które dają chłopcom możliwość rozmowy, interakcji i zaspokojenia ciekawości. Na przykład przebieranie się lub branie prysznica w szatni daje szansę na przekomarzanie się i żartowanie ze sobą. Daje im to naturalną możliwość zobaczenia nawzajem swoich ciał i rozwiania wszelkich wątpliwości. Pojawiają się rozmowy o szkole, dziewczynach, rodzicach, seksie, sporcie, nauczycielach i dojrzewaniu. Chociaż rozmowa może być czasami nieprzyzwoita, wszelkie żarty lub przekomarzanie się są często próbą nawiązania kontaktu. Niestety, mój własny strach i lęk spowodowały, że zrezygnowałem z tych naturalnych okazji.

Rozdział 11 Pytania

1. Zasadniczo rzecz biorąc, zaabsorbowanie emocjonalne przyciąga popęd
_________________________ jak magnes i stają się one ze sobą ściśle powiązane. Im dłużej to trwa, tym silniejsze staje się _________________________ .

2. Wymień wszystkich chłopaków, którym zazdrościsz lub wobec których czujesz zawiść.

____

____

____

3. Wymień zalety lub atrybuty chłopców, które wzbudzają w Tobie zazdrość lub zawiść.

____

____

____

____

____

4. Jak postrzegasz siebie w odniesieniu do tych zalet czy atrybutów?

____

____

____

____

____

5. Opisz sytuację, w której Twoja zazdrość i zawiść były silne i zauważyłeś, że zostały one zseksualizowane.

6. Napisz o relacjach z osobami, które mogą wywoływać u Ciebie strach lub lęk.

7. W jaki sposób ruminujesz (nadmiernie roztrząsasz sprawy) – podtrzymujesz negatywne myślenie?

❏ Chowam urazy   ❏ Nie chcę zapomnieć o przeszłości

❏ Dokuczam   ❏ Wytykam innym chłopcom ich słabości

❏ Nie przebaczam   ❏ Skupiam się na swoich wadach

❏ Traktuję innych nieuprzejmie

❏ Wewnętrznie się obwiniam

❏ Plotkuję na temat innych

❏ Przypominam sobie swoje niepowodzenia

❏ Inne ________________________________

❏ Inne ________________________________

8. Opisz, jak Twoim zdaniem wpłynęło na Ciebie Twoje własne negatywne nastawienie.

____

____

____

____

____

____

____

____

9. Opisz swoje marzenie o innych chłopcach lub mężczyznach. Bądź konkretny. Wymień imiona osób, miejsce, w którym się to wydarzyło i inne szczegóły tego marzenia.

10. Wymień chłopców lub mężczyzn, którzy są Twoimi idolami.

11. Wymień zalety tych chłopców lub mężczyzn, które w nich podziwiasz.

____

____

____

____

____

____

____

12. Jakich porównań dokonujesz między sobą a innymi?

____

____

____

____

____

____

13. Na jakich własnych niedoskonałościach się skupiasz?

____

____

____

____

____

____

____

____

14. Czy kiedykolwiek czułeś się zainteresowany chłopcami / mężczyznami w następujący sposób?

❑ Dlaczego inni chłopcy / mężczyźni rozmawiają w taki sposób.

❑ Dlaczego chłopcy / mężczyźni lubią określone zabawy i aktywności.

❑ O czym rozmawiają między sobą inni chłopcy / mężczyźni.

❑ Ciało innych chłopców / mężczyzn.

❑ Jak moje ciało wypada na tle innych chłopców / mężczyzn.

❑ Jak inni chłopcy / mężczyźni radzą sobie z problemami.

❑ Jak chłopcy / mężczyźni okazują sobie uczucia.

❑ Dojrzewanie i jego wpływ na innych chłopców.

❑ Jak myślą chłopcy / mężczyźni.

❑ Co myślą i czują inni chłopcy / mężczyźni.

❑ Jak inni chłopcy / mężczyźni pokonują strach.

❑ Inne _______________________________

❑ Inne _______________________________

15. Co powstrzymuje Cię przed zaspokojeniem ciekawości?

____

____

____

____

16. Czy jest coś jeszcze związanego z chłopcami, mężczyznami lub męskością, co emocjonalnie Cię porusza?

____

____

____

____

____

Notatki

Przywiązanie do dziewczyn

Niektórzy chłopcy są zagubieni w relacjach z dziewczynami i rozwijają blokady emocjonalnie. Blokady te są związane z potrzebami przywiązania, więc młody mężczyzna potrzebuje zająć się nimi, by nawiązywać prawidłowe kontakty z dziewczynami.

Nadmierna identyfikacja

Niektórzy chłopcy nadmiernie identyfikują się z dziewczynami. W okresie, gdy większość chłopców rozwija silniejszą więź z kumplami, ja czułem się bezpieczniej i bardziej komfortowo w towarzystwie dziewczyn jako kumpeli i sióstr. Było mi łatwiej utożsamiać się z nimi i nawiązać z nimi kontakty towarzyskie. Moje dobre samopoczucie w towarzystwie dziewczyn przerodziło się w

nadmierną identyfikację z nimi. Nie mogłem postrzegać ich jako partnerek na randki czy do związków romantycznych. Ta nadmierna identyfikacja blokowała mnie przed zdrowym romantycznym zainteresowaniem i ciekawością.

W moim świecie dziewczyny wydawały się bezpieczniejsze, nawet jeśli czasami były emocjonalne, więc wolałem przebywać głównie w ich towarzystwie. Nie bawiły się agresywnie. Lubiły rozmawiać. Dbały o moje uczucia. Bliżej mi było do dziewczynek niż do chłopców. Bawiłem się z nimi podczas przerw w szkole podstawowej. W liceum moimi najbliższymi przyjaciółkami były dziewczyny. Identyfikowałem się bardziej z kobietami niż z mężczyznami. Dziewczyny były jak siostry; po prostu źle się czułem myśląc o nich w romantyczny sposób. Z jednej strony bliżej mi było do dziewczyn, a z drugiej strony czułem odrazę do nawiązywania z nimi romantycznych relacji.

Negatywny obraz mężczyzn

Z sentymentem wspominam odwiedziny mojej cioci i babci, gdy byłem dzieckiem. Będąc blisko tych kochających kobiet w moim życiu, często wyczuwałem ich negatywną opinię na temat mężczyzn. Słyszałem, jak moja babcia i ciotka narzekały na to, że mężczyźni nigdy niczego nie rozumieją ani nie słuchają, a także, że są ogólnie przemocowi i kontrolujący. Słyszałem przekaz o mężczyznach jako złych i bezwartościowych, a zachowanie mojego własnego ojca wzmacniało ten obraz. Często był nieuprzejmy i bezduszny, rzadko słuchał i ogólnie kontrolował. Kto chciałby wiązać się ze złym facetem? Negatywny przekaz sprawił, że jeszcze bardziej odsunąłem się od ojca. Nie czułem, żebym należał do świata mężczyzn; bractwa, które wydawało się niebezpieczne i nieprzyjazne.

Gdy dorosłem nie chciałem być taki jak mój ojciec, ale też nie podobały mi się ostre komentarze na temat mojej płci. Znalazłem się w impasie. W końcu byłem chłopcem! Zacząłem postrzegać niektóre kobiety jako negatywne i manipulujące. Nie podobała mi się kobieca wrogość okazywana mężczyznom. Ich negatywne komentarze wydawały mi się niepotrzebne i radykalne.

Kobieca przemoc

Kiedy byłem w piątej klasie z wizytą u koleżanek, jedna ze starszych sióstr zaprosiła mnie do swojej sypialni. Nie chciałem tam iść, ale jednocześnie nie chciałem jej rozzłościć. Naciskała na to, bym się z nią całował i pieścił – była to dla mnie manipulacja, która odebrała mi jakąkolwiek ciekawość. Nie podobały mi się jej zaloty, czułem się przymuszany i pod kontrolą. Ta dziewczyna nie była ani zabawna ani przyjemna. Całowanie nie było dla mnie miłe.

Innym razem dwie starsze i bardzo asertywne nastolatki osaczyły mnie na korytarzu. Kiedy nikogo nie było w pobliżu, przyparły mnie do ściany i zaczęły obmacywać. Byłem upokorzony i zacząłem się rozglądać, by upewnić się, że nie widzieli tego inni chłopcy. Dziewczyna zakwestionowała moją męskość i czułem się przegrany; czułem się słaby. Chciałem być silny i bronić się, ale pozwoliłem dziewczynom dotykać mnie w miejscach intymnych. Jak mogłem na to pozwolić? Nigdy nikomu nie powiedziałem o tym doświadczeniu i utwierdziło mnie to w przekonaniu, że dziewczyny mogą być przemocowe. Zacząłem unikać okazji do nawiązywania romantycznych relacji. Ostatecznie manipulacje i wykorzystywanie ze strony dziewcząt sprawiły, że nie byłem w stanie postrzegać ich jako partnerek do romantycznych związków.

Lęk moralny

Ze względu na moją dużą wrażliwość byłem podatny na ogólny niepokój i w liceum zacząłem sięgać po leki, by sobie z nim radzić. Zacząłem odczuwać bóle brzucha i głowy i często nie mogłem spać w nocy. Ten ogólny niepokój przeniósł się na moje przekonania religijne, a lęk moralny stał się kolejną przeszkodą w rozwijaniu romantycznej ciekawości. W swoich badaniach dr Jeff Robinson zaobserwował różne blokady, które często uniemożliwiały jego klientom nawiązywanie romantycznych relacji z płcią przeciwną[36]. Wśród tych blokad był lęk moralny. Lęk moralny pojawia się wtedy, gdy młody mężczyzna czuje się zaniepokojony „grzesznym" zachowaniem dziewcząt i po prostu nie może postrzegać ich w romantyczny sposób – chce zachowywać się „jak należy".

Chciałem podobać się Bogu i bałem się, że zrobię coś złego lub grzesznego. Nauczono mnie, że dziewczęta należy szanować i że powinienem odmawiać sobie wszystkiego, co ma romantyczny lub seksualny charakter; że pragnienia te są złe i grzeszne.

Pewnej niedzieli nasza rodzina usiadła w ławce w kościele, w której zwykle siedzieliśmy. Tak się złożyło, że obok siedziała inna rodzina z atrakcyjną nastolatką w moim wieku. Uśmiechnęła się do mnie i usiedliśmy tuż obok siebie. Mój ojciec był tak bardzo zdenerwowany takim układem miejsc, że wstał w trakcie nabożeństwa i usiadł między nami. Jego reakcja wprawiła mnie w zażenowanie. Byłem pewny, że wszyscy w kościele to zauważyli. Jego zachowanie stanowiło negatywny przekaz na temat flirtowania, a mój lęk jeszcze bardziej się pogłębił.

Innym razem, w średniej szkole pojechałem na obóz organizowany przez kościół. Po wejściu do autokaru przysiadłem się do jednego z chłopaków z mojej grupy. Podczas naszej luźnej rozmowy dyskretnie nachylił się i spytał, czy jest jakaś dziewczyna, którą chciałbym pocałować. Jego zwykła ciekawość wprawiła mnie w osłupienie. Zszokowany zadałem sobie pytanie: *„Jak chrześcijanin mógł o coś takiego zapytać?"*.

---

36 Robinson, J., Dr. (ohne Datumsangabe) *Understanding Unwanted Same-Sex Attraction*. Abgerufen am 10. August 2018 von http://www. theguardrail.com/

Trzymałem się niepokojącego przekonania, że z romantyczną i seksualną aktywnością powinno się poczekać do ślubu. Uznałem, że ten chłopak jest grzeszny i zerwałem z nim przyjaźń. Lęk, jaki odczuwałem przed romantycznym związkiem z jakąkolwiek dziewczyną, tworzył ogromną blokadę. Nie mogłem nawet dać sobie przyzwolenia na odczuwanie ciekawości.

Trema przed sprawdzeniem się w roli mężczyzny

Kolejna blokada emocjonalna zidentyfikowana przez dr Robinsona to rodzaj tremy, czyli lęku związanego z wystąpieniem w roli mężczyzny[37]. Jest to niepokój i napięcie, które młody mężczyzna odczuwa w związku ze swoją zdolnością do „wystąpienia" w romantycznym związku z dziewczyną; po prostu nie jest pewien, czy jest w stanie się podniecić lub czy będzie wiedział, jak należy się przy niej zachować. Według Robinsona, blokada ta może również powstrzymywać

młodego mężczyznę przed nauczeniem się romantycznych interakcji z płcią przeciwną.

Ja z pewnością nie miałem pojęcia, jak umawiać się na randki i wchodzić w interakcje z dziewczynami w sposób, który nie byłby nastawiony na relacje przyjacielskie. Próbowałem umawiać się na randki, ale czułem się niezręcznie i niepewnie. Przez całą szkołę średnią próbowałem nawiązać romantyczną relację, ale w końcu zrezygnowałem, ponieważ było to zbyt niekomfortowe i całkiem mi obce.

Podsumowując, chłopiec może napotkać wyzwania w swoim procesie uczenia się nawiązywania kontaktu z dziewczynami i właściwego odnoszenia się do nich. Może nadmiernie utożsamić się z dziewczynami nie potrafiąc patrzeć na nie w kategoriach romantycznych. Może rozwinąć w sobie blokady, które nie pozwolą mu pójść za swoją naturalną ciekawością i wykształcić umiejętności przydatne przy umawianiu się z dziewczynami. Co więcej, może doświadczyć różnorakich form przemocy, które przyczynią do wykształcenia blokad przed kobietami. Jeśli młody mężczyzna nie ma pewności w nawiązywaniu więzi z kobietami, napotka na niewidoczne przeszkody dla swojego zdrowego rozwoju.

---

37 Robinson, J., Dr. (ohne Datumsangabe) *Understanding Unwanted Same-Sex Attraction*. Abgerufen am 10. August 2018 von http://www. theguardrail.com/

Rozdział 12 Pytania

1. Zaznacz wszelkie wyobrażenia, jakie masz na temat dziewcząt:

☐ Szorstkie   ☐ Nieobecne   ☐ Łagodne   ☐ Troskliwe

☐ Silne   ☐ Wrażliwe   ☐ Gwałtowne   ☐ Dominujące

☐ Słabe   ☐ Pomocne   ☐ Przyjazne   ☐ Kontrolujące

☐ Delikatne   ☐ Krytyczne   ☐ Pozytywne   ☐ Przytłaczające

2. Jakie blokady pojawiły się w relacjach z dziewczynami w Twoim przypadku?

____

____

____

____

____

____

____

____

____

3. W jaki sposób zbyt mocno identyfikowałeś się z dziewczynami?

4. Jakie blokady uniemożliwiają Ci nawiązywanie romantycznych relacji z dziewczynami?

5. W jaki sposób blokady te uniemożliwiają Ci nawiązanie romantycznej relacji?

6. Czy stworzyłeś jakieś niewłaściwe relacje z dziewczynami?

7. W jaki sposób powstrzymuje Cię to przed nawiązywaniem romantycznych relacji z dziewczynami?

Rozdział 13

Problemy dotyczące ciała

Nieustanne obawy lub niepewność co do swojego ciała mogą zmniejszyć pewność siebie młodego mężczyzny; może on czuć się gorszy lub skrępowany. Brak akceptacji swojego ciała może utrudniać nawiązywanie więzi. Może on wręcz blokować szanse na nawiązanie zdrowych relacji.

Byłem chudy i nieporadny. Zacząłem unikać trudnych, zespołowych zadań i nie byłem specjalnie zainteresowany uprawianiem sportu. Kiedy patrzyłem na rywalizację innych chłopców, w mojej głowie pojawiały się porównania. Nie czułem się pewnie we własnym ciele. Gdy przebierałem się w szatni lub brałem prysznic po zajęciach wychowania fizycznego, nie sposób było uniknąć tych porównań. Inni młodzi mężczyźni mieli owłosienie w miejscach, w których ja nie miałem. Często byli wyżsi i bardziej umięśnieni. Ja byłem młodszy, niższy, chudszy i mniej umięśniony.

Lęk moralny pogłębiał moją niepewność, ponieważ martwiłem się o to, czy dokonuję właściwych wyborów. Bardzo martwiłem się, że nie będę podobał się Bogu. Nie chciałem być nieskromny, więc rozbieranie się w szatni było nie tylko krępujące, ale wydawało się złe. Inni chłopcy rozbierali się i zmieniali ubrania bez wahania. Miałem skrupuły i czułem się niepewnie – nie chciałem, żeby ktokolwiek na mnie patrzył. Ten strach i niepokoje ograniczały mnie, a w niektórych sytuacjach paraliżowały.

Moja niepewność doprowadziła do tego, że wycofałem się i stałem się nadzwyczaj wstydliwy. Bałem się zdjąć koszulkę w obecności innych chłopców. Kiedy moja drużyna miała grać w koszykówkę bez koszulek, panikowałem. Przerażało mnie, gdy po treningu miałem wziąć prysznic i inni chłopcy mieli patrzeć na mnie. Pamiętam, jak słuchałem ich żartów pod prysznicem. Chciałem być częścią grupy, ale nie chciałem się wystawiać na ryzyko. Dziwiło mnie, że mogli tak swobodnie rozmawiać podczas prysznica o tym, jak minął im dzień. W ogóle im to nie przeszkadzało. Posiadali pewność siebie, której ja nie miałem.

Negatywny obraz własnego ciała wpływa na samoocenę chłopca i może utrudniać mu wykorzystywanie okazji do nawiązania więzi. W szóstej klasie przeszkodą społeczną stały się dla mnie moje zęby. Były strasznie krzywe i w gimnazjum nie uśmiechałem się. Na szczęście moi rodzice byli na tyle przewidujący, że zafundowali mi aparat ortodontyczny. Proste zęby podniosły moją pewność siebie i zacząłem chętniej nawiązywać kontakty towarzyskie.

Niektórzy chłopcy zmagający się z trądzikiem unikają spotkań towarzyskich. Pamiętam młodego mężczyznę, który miał problemy ze stopami, co utrudniało mu bieganie i udział w zawodach sportowych. Z profesjonalną pomocą można rozwiązać różne dolegliwości natury fizycznej, które mogą powodować utratę pewności siebie. Jeśli to możliwe, trzeba stawiać czoła problemom z własnym ciałem. Skorzystaj z pomocy. Nie utrudniaj sobie życia jeszcze bardziej.

Jeden z moich kolegów zwrócił uwagę, że zranienia związane z wyglądem własnego ciała zdają się bardzo częste u młodych mężczyzn z zaburzeniami więzi. Ci młodzi mężczyźni często mają niższe poczucie własnej wartości z powodu poczucia nieadekwatności swojego wyglądu. Dystansują się od własnego ciała, ponieważ przypomina im ono, że są w swoim mniemaniu gorsi.

Zidentyfikowanie problemów związanych z ciałem będzie ważne, abyś mógł wprowadzić zmiany. Kwestie te mogą bezpośrednio wpływać na inne obszary procesu zdrowienia, ponieważ mogą wiązać się z pewnością siebie, interakcjami społecznymi, aktywnością sportową itp. Być może będziesz musiał rozwiązać problemy dotyczące ciała, aby zwiększyć swoją pewność siebie i ułatwić sobie nawiązywanie więzi.

Rozdział 13 Pytania

1. Czy są pewne rzeczy w Twoim ciele, które sprawiają, że czujesz się niepewnie?

2. Co chciałbyś zmienić w swoim ciele?

3. Opisz sytuację, w której Twoja niepewność uniemożliwiła Ci zaangażowanie się w aktywności z rówieśnikami płci męskiej?

____

____

____

____

____

____

Notatki

____

____

____

____

____

____

Rozdział 14

Przywiązanie i czułość

Kiedy w związku powstaje poczucie bezpieczeństwa i przywiązania, zdrowa czułość pojawia się naturalnie. Sprzyja ona wzmacnianiu więzi i związku. Innymi słowy, relacja staje się bardziej ugruntowana i bezpieczna.

Potrzeba czułości jest w nas zakorzeniona od urodzenia. Rodzice tulą swoje niemowlęta, co jest

podstawowym sposobem ofiarowania im miłości i poczucia bezpieczeństwa[38]. Może się zdarzyć, że młody mężczyzna jest bardzo spragniony fizycznej czułości ze strony innych chłopców lub mentorów. Uczucie to może łatwo ulec seksualizacji, jeśli nie zostanie przyjęte w odpowiedni sposób.

Obserwowałem chłopców w szkole, którzy okazywali sobie uczucia i zżerała mnie zazdrość. Rozpaczliwie pragnąłem mieć takie relacje koleżeńskie jak oni. Wydawali się swobodni w okazywaniu uczuć fizycznych i przekomarzaniu się. Chodzili razem, przepychając się i wygłupiając. W kościele witali się uściskiem. Patrzyłem, jak klepali się po plecach podczas gry w koszykówkę. Nigdy nie było w tym nic seksualnego. Odkryłem, że fizycznie tęsknię za takim kontaktem.

Mój ojciec rzadko okazywał mi czułość, a kiedy już próbował, obaj czuliśmy się niezręcznie. Rozmawiałem z ogromną liczbą innych młodych mężczyzn z zseksualizowanymi przywiązaniami, którzy opisywali takie same doświadczenia ze swoimi ojcami.

Po pierwszym semestrze studiów jeden z moich współlokatorów o imieniu Glenn zamierzał

---

38 Mooney, C. G. (2010). *Theories of attachment: An introduction to Bowlby, Ainsworth, Gerber, Brazelton, Kennell, and Klaus.* St. Paul, MN: Redleaf Press, S. 88.

wyjechać do domu. Nie chciał wracać na studia, więc szukaliśmy nowego współlokatora. Spędzaliśmy razem długie wieczory, ucząc się i śmiejąc. Był zabawny i wyluzowany. Zżyłem się z Glennem i odczuwałem po jego wyjeździe wewnętrzną pustkę.

Pomogłem mu załadować jego bagaże do samochodu, a on niespodziewanie mocno mnie przytulił. Nie spodziewałam się takiego gestu przyjaźni. Nie puszczał mnie, a ja zacząłem odczuwać wzruszenie. Nigdy wcześniej czegoś takiego nie doświadczyłem. Zaczął płakać, kiedy mnie przytulał i powiedział mi, jak bardzo mnie kocha. Zaczął wspominać dobre chwile, które spędziliśmy razem. Teraz to ja płakałem. Byliśmy prawdziwymi przyjaciółmi i na pewno będzie za mną tęsknił. Ten dowód miłości i przywiązania wypełnił moją spragnioną duszę. Zdałem sobie sprawę, jak bardzo byłem spragniony tego rodzaju kontaktu. To była męska miłość między dwoma braćmi, której nigdy wcześniej nie doświadczyłem.

W tym momencie zdałem sobie sprawę, że mój brak czułości w kontaktach z innymi chłopcami i mężczyznami był niezdrowy. Z czasem nawiązałem inne przyjaźnie, które były równie uczuciowe. Dowiedziałem się, że mężczyźni generalnie mają pragnienie czułości. Zacząłem zwracać większą uwagę na mężczyzn w kościele, gdy się przytulali. W duszpasterstwie młodzieżowym zauważyłem, jak chłopcy obejmują się ramionami, by modlić się za siebie nawzajem. Wydawało mi się to naturalne, niewymuszone.

To nowe odkrycie zaczęło powodować zmiany w moim moralnym lęku. Dotarło do mnie: *"Może Bóg wie, że potrzebuję czułości i nie uważa tego za grzech. W gruncie rzeczy, może to Bóg stworzył mnie do okazywania czułości. A to oznacza, że ważne byłoby nauczyć się okazywania i przyjmowania uczuć od innych mężczyzn"*.

Kiedy czytałem Biblię, zauważyłem liczne przykłady czułości ze strony pobożnych mężczyzn i kobiet. Dotyczyło to zwłaszcza historii uzdrowień. Pewnego razu, gdy Jezus podróżował ze swoimi uczniami, zatrzymał się, aby uzdrowić niewidomego. "Potem przybyli do Betsaidy. Tam przyprowadzili Mu niewidomego i prosili go, żeby się go dotknął. On ujął niewidomego za rękę i wyprowadził go poza wieś. Zwilżył mu oczy śliną, położył na niego ręce i zapytał:

"Czy widzisz co?". A gdy przejrzał, powiedział: "Widzę ludzi, bo gdy chodzą, dostrzegam ich niby drzewa". Potem znowu położył ręce na jego oczy. I przejrzał [on] zupełnie, i został uzdrowiony; wszystko widział teraz jasno i wyraźnie."[39]

Dlaczego Bóg miałby dosłownie dotykać tego mężczyznę? Dlaczego miałoby to być konieczne dla wszechmocnego Boga? Być może odpowiedź dotyczy bardziej naszej ludzkiej potrzeby fizycznego kontaktu. Chciał nawiązać kontakt z tymi, których uzdrawiał. On wie, że tego potrzebujemy. Tak nas skonstruował. Czułość działa uzdrawiająco i jest niezbędna dla tworzenia zdrowego przywiązania. Bóg to wie i wie także, że tego potrzebujemy.

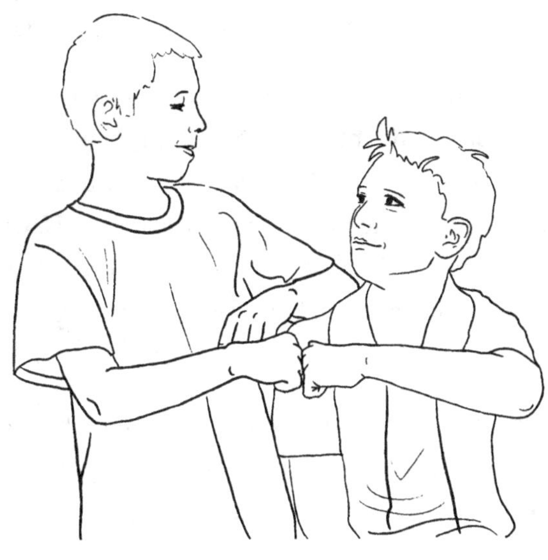

W swoim interesującym artykule dr Benjamin opisuje śmierć dzieci w sierocińcach na przełomie wieków. Niechciane niemowlęta często trafiały do sierocińców, gdzie sterylne warunki i wystarczająca ilość pożywienia miały im zagwarantować szansę na przeżycie. Jednak dzieci te często umierały. Wyglądało na to, że sam dostęp do jedzenia, wody i dach nad głową nie miał znaczenia.

W końcu stwierdzono, że dzieci te zmarły z braku fizycznej pielęgnacji i czułości. Była to jedyna możliwa odpowiedź. Kiedy dzieci zostały przeniesione do nowych sierocińców, gdzie otrzymały fizycznie wyrażaną czułość i troskliwą opiekę, przybrały na wadze i zaczęły się dobrze rozwijać[40].

Północnoamerykańska kultura spowodowała, że mężczyznom trudno jest wyrażać uczucia. Brent i Kate McKay napisali interesujący artykuł opisujący dezintegrację zdrowej czułości między chłopcami i mężczyznami. Opisują oni, w jaki sposób współczesna kultura amerykańska sprawiła, że mężczyźni są ostrożni – aby uniknąć sytuacji, w których mogliby zostać posądzeni o to, że są gejami. McKay uważa, że jest to powód, dla którego mężczyźni stali się bardziej skrępowani w okazywaniu sobie czułości[41]. Opisują również inne kultury, w

---

39 Markus 8, 22–26, Einheitsübersetzung, ökumenischer Text, 1980

40 Benjamin, B. und Werner R. (ohne Datumsangabe) *The Primacy of Human Touch*. HEALTH Newsletter. http://www. benbenjamin.com/ articles.html

41 Greene, M. (07. August 2017). *Touch Isolation: How Homophobia Has Robbed All Men of Touch*. Abgerufen von https:// medium.com/@remakingmanhood/touch-isolation-how-homophobia-has-robbed-all-men-of-touch-239987952f16.

których mężczyźni często okazują sobie czułość i czują się swobodnie, trzymając się za ręce[42]. W serii historycznych zdjęć przedstawiono mężczyzn okazujących sobie zdrową czułość zanim wszyscy zaczęli się tym przejmować.

Znajomy powiedział mi kiedyś, że ma pewną zasadę, jeśli chodzi o fizyczną czułość: "Jeśli jest coś, co jest dozwolonym sposobem okazywania miłości małemu dziecku, chętnie to zrobię. Jeśli potrzebują tego mali chłopcy, to dlaczego nie dorośli mężczyźni? W jaki inny sposób młodzi mężczyźni mają zaspokajać swoje potrzeby? Modląc się? Czytając Pismo Święte? Chodząc do kościoła?" Chociaż są to dobre zajęcia, z pewnością nie zaspokoją one potrzeby czułości ani nie uleczą zranień związanych z przywiązaniem. Bóg pragnie, aby nasza potrzeba czułości została zaspokojona, a wszelkie związane z nią zranienia uleczone.

Laura Brotherson, edukatorka małżeńska i rodzinna, uważa, że jeśli nie zajmiemy się niezaspokojonymi potrzebami, w tym brakiem dotyku czy dezorientacją seksualną, problemy te zwykle się nasilają. Uważa ona, że te deficyty sprawiają, że ludzie są bardziej podatni na problematyczne zachowania seksualne. Uświadomienie sobie potrzeby fizycznej czułości i podjęcie wysiłków, by ją okazywać i przyjmować, może zaspokoić ten deficyt i ograniczyć problematyczne zachowania. Uważa też, że ludzie często mylą niecierpliwe pragnienie czułości z innymi doznaniami, takimi jak pożądanie seksualne lub uczucie głodu w żołądku[43].

Ważne jest, aby zrozumieć, że wszyscy ludzie są stworzeni do fizycznej czułości. Niektórzy nigdy jej nie otrzymali, a inni byli dotykani w nadmierny lub manipulacyjny sposób. Jednak zdrowa czułość wzmacnia nasze przywiązanie i zapewnia tak bardzo potrzebny kontakt fizyczny i więź.

---

42 McKay, B & McKay K., *"Bosom Buddies: A Photo History of Male Affection"*. (http://artofmanliness.com)

43 Brotherson, L. (ohne Datumsangabe) StrengtheningMarriage.com. Abgerufen am 28. Juli 2018 von https://www. strengtheningmarriage. com/

Rozdział 14 Pytania

1. Opisz sytuację, w której bardzo potrzebowałeś dotyku.

____

____

____

____

2. Jakie pozytywne doświadczenia miałeś z dotykiem i czułością?

____

____

____

____

3. Jakie negatywne doświadczenia miałeś z dotykiem i czułością?

____

____

____

____

____

4. Czy przychodzą Ci do głowy mentorzy lub koledzy, od których chciałbyś doświadczyć zdrowej czułości? Wymień ich poniżej.

____

____

____

____

5. Jakie przekonania na temat dotyku powodują, że jest to jeszcze trudniejsze? (Na przykład: "Mężczyźni nie powinni się dotykać" lub "Mężczyźni nie powinni potrzebować czułości – powinni być twardzi").

____

____

____

____

6. Czy możesz podać przykład zdrowego dotyku z jakiejś historii lub filmu, który oglądałeś? Opisz, proszę, co tam zobaczyłeś.

____

____

____

____

7. Czy możesz podać przykład zdrowego dotyku z historii biblijnej? Opisz go proszę.

____

____

____

____

____

____

8. ZADANIE DO WYKONANIA: Przez tydzień staraj się zaobserwować, jak inni chłopcy i mężczyźni okazują sobie nawzajem zdrową czułość. Napisz poniżej, co udało Ci się spostrzec.

____

____

____

____

____

Notatki

Fałszywe przywiązanie
Pornografia i eksperymentowanie

Kiedy młody mężczyzna jest już spragniony prawdziwej więzi, będzie szczególnie podatny na pornografię i eksperymentowanie. Niespełnione potrzeby przywiązania podsycają emocje, a w konsekwencji myśli i fantazje mogą się nasilać. Zachowania seksualne mogą zapewniać fałszywe wrażenie przywiązania. Innymi słowy, można czuć się jakby był kontakt, ale nie ma trwałej więzi.

Wraz ze wzrostem presji emocjonalnej aktywność seksualna wzmacnia wzorce pobudzenia. Mężczyzna nie rozpoznaje łatwo swoich emocji pod powierzchnią, a jego potrzeby więzi wiążą się ze wzorcami pobudzenia. Dla niektórych chłopców zachowania seksualne pod wpływem takich okoliczności stają się kompulsywne. Zdrowa tęsknota za kontaktami z innymi chłopcami przyciąga nowe impulsy seksualne.

W gimnazjum i liceum przepełniała mnie zazdrość. Marzyłem o nowych potencjalnych przyjaźniach i aktywnościach. Byłem zazdrosny o interakcje, które obserwowałem w różnych grupach i bardzo zazdrościłem innym chłopcom ich wzajemnych relacji. Fantazjowałem o grupie kumpli, z którymi mógłbym spędzać czas. Te myśli i marzenia wciąż powracały i nabrały seksualnego charakteru, gdy odkryłem masturbację.

W kulturze amerykańskiej pornografia jest wszechobecna. Większość socjologów twierdzi, że pierwszy kontakt z nią ma miejsce między ósmym a jedenastym rokiem życia. Dzieci niekoniecznie jej szukają, ale czasami mają z nią styczność zanim zrozumieją, o co chodzi.

Przemysł pornograficzny nieustannie poszukuje sposobów na zwabienie nastolatków i dzieci za pomocą różnych strategii marketingowych. Dzieci są z natury ciekawskie, a pornografia żeruje na naturalnej ciekawości. Pornografię łatwo znaleźć i daje ona długoterminowe zyski: pokaż ją dzieciom, a one zapłacą za nią później już jako osoby dorosłe.

Niektórzy młodzi ludzie uważają, że pornografia i aktywność seksualna pomagają im uciec od poczucia dyskomfortu. Samotność, izolację, depresję, niepokój lub stres mogą można łagodzić poprzez zachowania seksualne – stają się one formą radzenia sobie, ponieważ przypominają więź. Jest to jednak fałszywa forma więzi.

Ponadto pornografia zaszczepia w umyśle nowe wyobrażenia, które zwiększają ciekawość lub

---

dezorientację. Patrick Carnes stwierdził, że osoby uzależnione od pornografii koncentrują się na nowych rodzajach zachowań, ponieważ mają kontakt z praktykami, których nigdy wcześniej nie doświadczyli[44]. W niektórych przypadkach młodych mężczyzn zaczynają pociągać różne praktyki, które widzieli na zdjęciach lub filmach pornograficznych. Może to prowadzić do wykształcenia nierealistycznych i niezdrowych przekonań na temat ludzkiej seksualności. Carnes wyjaśnia dalej, że cyberseks uruchamiając nierozwiązane problemy może zniekształcić schemat pobudzenia, a także że sam schemat pobudzenia może ulec zmianie[45]. Innymi słowy, pociąg seksualny może się zmienić z powodu kontaktu z pornografią.

Czasami młodzi mężczyźni zaczynają eksperymentować z innymi chłopcami. Nie jest to niczym niezwykłym i nie powinieneś wstydzić się swojej naturalnej ciekawości. Chłopcy są ciekawi ciał innych chłopców. Jeśli jednak masz deficyty przywiązania lub zranienia w tym obszarze, możesz eksperymentować w sposób, który odzwierciedla te deficyty lub zranienia. W takim przypadku będziesz wzmacniać wzorce pobudzenia, które wynikają ze wspomnianych deficytów i zranień.

Jeśli już zmagasz się z pornografią lub eksperymentowałeś, NIE wstydź się tego. Młodzi mężczyźni często bywają ciekawi, gdy odkrywają swoją seksualność. Nie wstydź się prosić o wsparcie. Możesz nauczyć się kontrolować swoje uczucia.

Jeśli masz deficyty lub zranienia związane z przywiązaniem, możesz być bardziej podatny na tę pokusę. Pornografia wzmacnia obrazy seksualne w umyśle i utrwala schemat pobudzenia. Z czasem obrazy te stają się coraz silniejsze. Im więcej ich oglądasz, tym więcej możesz chcieć oglądać. To sprawia, że leczenie zranień przywiązania jest trudniejsze i bardziej czasochłonne.

Jeśli próbowałeś zrezygnować z jakiejś formy zachowań seksualnych, ale nie byłeś w stanie, a dana aktywność stała się niemożliwa do opanowania, może to oznaczać, że jesteś uzależniony. Uzależnienie od pornografii jest złożone i zostało nazwane narkotykiem nowego pokolenia[46]. Być może będziesz potrzebować profesjonalnej pomocy, aby je pokonać. Zdaję sobie sprawę, że czasami możesz czuć się bezradny wobec tego problemu, ale jesteś w stanie uwolnić się z jego sideł. Możesz rozwinąć zdrowe sposoby radzenia sobie z nim i wyjść z nałogu. Jeśli tylko podejmiesz tę trudną decyzję i poprosisz o pomoc, znajdziesz większy pokój i zadowolenie. Poszukaj dorosłych mentorów, którym możesz zaufać i którzy będą Cię wspierać. Nie jesteś sam w tej walce – nie wstydź się.

---

44 Carnes, P. und Carnes, P. (2001). *Out of the shadows: Understanding sexual addiction.* Center City, MN: Hazelden Information & Edu, S. 85.

45 Carnes, P. und Carnes, P. (2001). *Out of the shadows: Understanding sexual addiction.* Center City, MN: Hazelden Information & Edu, S. 91.

46 Kastleman, M. B. (2001). *The drug of the new millennium: The science of how internet pornography radically alters the human brain and body.* Orem, UT: Granite Pub.

  POWRÓT DO PEŁNI ŻYCIA

Oprócz masturbacji i pornografii, chłopiec może paść ofiarą wykorzystywania seksualnego lub molestowania. Kiedy wykorzystywanie ma miejsce w dzieciństwie, rozbudza ono podniecenie seksualne zanim ofiara jest na to gotowa i w efekcie może spowodować, że ono w niezdrowy sposób. Na przykład chłopiec, ofiara molestowania, może wracać do tego zachowania seksualnego jako sposób radzenia sobie z traumą. Nazywa się to przymusem powtarzania. Jeśli byłeś wykorzystywany seksualnie, poświęć odpowiednią ilość czasu, by przemyśleć treści z rozdziału o wykorzystywaniu.

Ważne jest również, abyś zrozumiał, że czyjeś zachowanie seksualne niekoniecznie musi być związane z miłością. Seksualność jest bardzo mocna i może być trudna do opanowania. W okresie dojrzewania pojawia się ciekawość i pobudzenie, ale popędy te nie muszą Tobą kierować. Zachowania seksualne mogą uzależniać, więc zachowaj ostrożność w eksperymentowaniu. Jako młody mężczyzna jesteś stworzony do seksualności[47].

47 Carnes, P. (2001). *Out of the shadows: Understanding sexual addiction.* Center City, MN: Hazelden, S. 14

Rozdział 15 Pytania

1. Jak się czujesz rozmawiając o sprawach seksualnych?

❑ Zawstydzony ❑ Przestraszony ❑ Onieśmielony

❑ Rozbawiony ❑ Upokorzony ❑ Podekscytowany

❑ Zaciekawiony ❑ Winny ❑ Zaniepokojony

❑ Zażenowany ❑ Zainteresowany ❑ Nerwowy

❑ Znudzony ❑ Podniecony ❑ Zawstydzony

❑ Podatny na zranienie

❑ Inne ___________________________________

❑ Inne ___________________________________

2. Które z wymienionych powyżej emocji są najsilniejsze? Proszę opisz je.

____

____

3. Ile miałeś lat, kiedy zacząłeś dojrzewać i jakie były pierwsze zmiany w Twoim ciele, które zauważyłeś?

____

____

____

4. Opisz sytuację, w której czułeś się zakłopotany lub zawstydzony zmianami w swoim ciele.

____

____

____

5. W jakim wieku po raz pierwszy odbyłeś „rozmowę o seksie"? Kto z Tobą rozmawiał? Gdzie wtedy byłeś? Jak ona wyglądała?

____

____

____

____

6. Przypomnij sobie, kiedy czułeś się „zdezorientowany" w kwestiach seksualnych? Proszę opisz to.

____

____

____

____

7. Jakie są Twoje przekonania moralne na temat seksu? Co jest właściwe, a co nie?

____

____

____

____

____

8. Stwórz pełną listę wszystkich aktywności seksualnych, w jakie kiedykolwiek się angażowałeś. Sięgnij pamięcią jak najdalej w przeszłość. Pokaż tę listę swojemu terapeucie.

____

____

____

____

____

____

9. Czy robisz jakieś rzeczy, które mogą wzmacniać ten schemat pobudzenia?

____

____

____

10. Przedyskutuj każde z poniższych pytań z zaufanym mentorem – mężczyzną. Niektóre z pytań mogą zainspirować inne. Pamiętaj, że ciekawość nie jest niczym złym, więc nie bój się o tym mówić. Bądź odważny i zadawaj dodatkowe pytania, które Ci się nasuną się podczas rozmowy.

- Czy wstydziłeś się rozmawiać o dojrzewaniu i seksie, gdy byłeś nastolatkiem?

- W jaki sposób po raz pierwszy dowiedziałeś się o seksie?

- W jaki sposób dowiedziałeś się o dojrzewaniu i zmianach zachodzących w Twoim ciele?

- Jakie były pierwsze zauważone przez Ciebie zmiany w ciele?

- W jakim wieku większość chłopców i dziewcząt zaczyna dojrzewać?

- Czy zacząłeś się zmieniać wcześniej czy później niż Twoi koledzy?

- Jak często mogą zdarzać się polucje nocne?

- Czy to normalne, że masz erekcję, gdy NIE czujesz się seksualnie podniecony?

- Kiedy powinieneś zacząć się golić?

- Pamiętasz, czy miałeś przykry zapach ciała i używałeś dezodorantu?

- Czy to normalne, że cały czas myślę o seksie?

- Czy to normalne, że nie mam obsesji na punkcie dziewczyn?

- Czy kiedykolwiek masturbowałeś się, gdy byłeś nastolatkiem?

- Skąd mam wiedzieć, czy mój penis jest normalnych rozmiarów lub kształtu?

- Czy jako nastolatek miałeś kiedykolwiek fantazje seksualne, które po prostu pojawiały się w Twojej głowie?

- Jak wyglądało umawianie się na randki, gdy byłeś nastolatkiem?

- Jakie są Twoje osobiste zasady moralne lub przekonania na temat zdrowej aktywności seksualnej?

- Czy kiedykolwiek oglądałeś pornografię?

11. Jakie dodatkowe pytania zrodziły się podczas tej rozmowy?

____

____

____

____

____

____

____

12. Teraz przejrzyj swoje poprzednie odpowiedzi i zakreśl najbardziej kłopotliwe pytania. Wyjaśnij swojemu terapeucie i mentorowi, dlaczego były one dla Ciebie najbardziej kłopotliwe.

13. Z jakich zachowań seksualnych powinieneś zrezygnować, by kontynuować własną odbudowę?

Fałszywe przywiązanie
Uzależnienie od seksu

Jak już wcześniej wspomniałem, gdy młody mężczyzna jest spragniony autentycznego przywiązania, będzie szczególnie podatny na eksplorację seksualną. Pragnienia seksualne są wzmożone przez niezaspokojone potrzeby przywiązania, więc myśli i fantazje mogą stać się obsesyjne. To właśnie ich obsesyjny charakter prowadzi do uzależnienia.

W swoich badaniach nad uzależnieniem od seksu Alexandra Katehakis zauważyła, że niepewne przywiązanie często działa na uzależnionych od seksu jak narkotyk[48]. To właśnie ta jego obsesyjna właściwość może doprowadzić młodego mężczyznę do poważnego uzależnienia od seksu. Zachowania, które mają charakter kompulsywny powodują niezdolność do kontrolowania się i wpływają na życie danej osoby[49]. Seks staje się narkotykiem przynoszącym tymczasową ulgę w zranieniach związanych z przywiązaniem i innych niepokojących emocjach. Nawet oczekiwanie na aktywność seksualną może wywołać u uzależnionego „odlot"[50].

Patrick Carnes zauważył, że dla osób uzależnionych od seksu to właśnie „seks" jest tym, co sprawia, że osamotnienie staje się możliwe do zniesienia[51]. Zachowania uzależniające od seksu stanowią fałszywe źródło przywiązania – czujesz się tak, jakbyś nawiązywał relację, ale nie ma w tym intymnego związku ani trwałej więzi. W tej relacji chodzi o seks, a nie o drugiego człowieka[52].

Wewnętrzna dynamika emocjonalna jest nieodłącznie związana z potrzebami i zranieniami związanymi z przywiązaniem. Deficyty tworzą emocjonalną próżnię i mogą przerodzić się w emocjonalne zaabsorbowanie. Ten stan emocjonalny poprzedzający uzależnienie może

---

48 Katehakis, A. (2016). *Sex addiction as affect dysregulation: A neurobiologically informed holistic treatment.* New York: W. W. Norton & Company, S. 33.

49 Wilson, G. (2017). *Your brain on porn: Internet pornography and the emerging science of addiction.* Margate, Kent, Großbritannien: Commonwealth Publishing, S. 24.

50 Weiss, R. und Schneider, J. S. (2015). *Always turned on: Sex addiction in the digital age.* Carefree, AZ: Gentle Path Press, S. 34.

51 Carnes, P. und Carnes, P. (2001). *Out of the shadows: Understanding sexual addiction.* Center City, MN: Hazelden Information & Edu, S. 16.

52 Carnes, P. und Carnes, P. (2001), *Out of the shadows: Understanding sexual addiction.* Center City, MN: Hazelden Information & Edu, S. 16.

---

prowadzić do seksualnie uzależniających zachowań.

W związku z tym, że kompulsywne zachowania seksualne nie tworzą żadnej istotnej więzi, młodzi mężczyźni często odczuwają pustkę i samotność. Patrick Carnes zauważył, że uzależnienie od seksu jest częściowo zakorzenione w strachu przed odrzuceniem[53]. Dlatego terapeuci często określają uzależnienie jako „chorobę osamotnienia"[54].

Masturbacja jest często pierwszym kompulsywnym zachowaniem seksualnym u nastoletnich chłopców. Staje się ona nawykiem, którego nie potrafią powstrzymać. Pewna częstotliwość masturbacji jest powszechna, ale gdy przeradza ona się w kompulsywne formy ucieczki, staje się niezdrowa. Jeśli chłopiec już snuje marzenia o więzi z chłopcami, jego nowe popędy seksualne ułatwiają masturbację podczas tych emocjonalnych fantazji.

Jednak podłożem zachowań seksualnych są nierozwiązane konflikty emocjonalne. Rob Weiss stwierdził, że objawy odstawienne u osób uzależnionych od seksu często obejmują depresję, niepokój, niską samoocenę lub traumę. Objawia się to takimi symptomami jak: samotność, uzależnienie emocjonalne, gniew, strach lub niezadowolenie[55]. Uzależnienia zawsze mają podłoże emocjonalne. Z pewnością tak właśnie było w moim przypadku.

Masturbację odkryłem przypadkowo w gimnazjum. Wiązała się ona z pewnym uczuciem strachu, ale natychmiast dała mi haj. Wracałem do tego ilekroć czułem się samotny lub przybity. Zawiść o innych chłopaków w szkole sprawiała, że myślałem o nich. Brak przyjaciół powodował z kolei, że zazdrościłem im ich przyjaźni. Zawiść o więź między nimi pochłaniała mnie. Fantazjowałem o grupie kumpli, z którymi mógłbym spędzać czas. Te myśli i fantazje były nieustające i uległy seksualizacji. Masturbacja stała się kompulsywnym nawykiem, którego nie potrafiłem zatrzymać. Dawała mi ulgę od emocjonalnego bólu, jaki doświadczałem.

Pornografia jest łatwo dostępna i często staje się kolejnym krokiem w kierunku uzależnienia od seksu. Pornografia staje się narkotykiem. Według Gary'ego Wilsona dowody naukowe na to są przytłaczające[56]. Jeden z badaczy nazwał pornografię internetową „kokainą" uzależnienia seksualnego[57]. Większość chłopców będzie narażona na pornografię w wieku od ośmiu do

---

53 Carnes, P. und Carnes, P. (2001), S. 29.

54 Flores, P. J. (2012). *Addiction as an attachment disorder*. Lanham: Jason Aronson, S. 148.

55 Weiss, R. und Schneider, J. S. (2015). *Always turned on: Sex addiction in the digital age*. Carefree, AZ: Gentle Path Press, S. 134.

56 Wilson, G. (2017). *Your brain on porn: Internet pornography and the emerging science of addiction*. Margate, Kent, Großbritannien: Commonwealth Publishing, S. 75.

57 Cooper, Delmonico and Burg: „*Cybersex Users, Abusers, and Compulsives: New Findings and Implications*". Sexual Addiction and Compulsivity: The Journal of Treatment and Prevention 7, Nr. 1–2 (2000), zitiert von Carnes, P. und Carnes, P. (2001). *Out of the shadows: Understanding sexual addiction*. Center City, MN: Hazelden Information & Edu, S. 84.

jedenastu lat, ale młodzi mężczyźni z zseksualizowanym przywiązaniem mogą sięgnąć po pornografię jako sposób na zmniejszenie bólu i poczucia samotności ze zranień związanych z przywiązaniem[58]. Gary Wilson stwierdził, że osamotnieniu bardzo często towarzyszy uczucie niepokoju lub depresji[59]. Podobnie jak masturbacja pornografia może zapewnić chemiczny haj, który pomaga młodemu mężczyźnie uciec od bolesnego przeżywania swojego życia.

Seksualne zachowania uzależniające pozwalają uciec od emocjonalnego cierpienia i złagodzić uczucia samotności, depresji, niepokoju lub strachu. W rezultacie zachowanie to staje się sposobem radzenia sobie z trudnościami i z czasem staje się coraz bardziej uzależniające. Rob Weiss stwierdził, że większość osób uzależnionych od seksu wykorzystuje aktywność seksualną jako sposób na ucieczkę od dyskomfortu emocjonalnego. W ostatecznym rozrachunku potęguje to jednak poczucie samotności, strachu, izolacji i nieszczęścia[60]. Uzależnieni często wycofują się wraz ze wzrostem poczucia izolacji, co ostatecznie prowadzi do tego, że tracą bliskość zamiast ją budować lub poprawiać[61].

Czasami wczesne eksperymentowanie z innymi chłopcami może prowadzić do kompulsywnych zachowań seksualnych. To nie jest niczym rzadkim i nie powinieneś wstydzić się swojej ciekawości, ale pamiętaj, że Twój mózg usiłuje poradzić sobie z tymi wszystkimi nowymi emocjami. Wczesne eksperymenty z czasem mogą być coraz częstsze.

Jeśli czujesz się owładnięty popędem seksualnym i zacząłeś zachowywać się kompulsywnie, uczciwie przyznaj, że jesteś uzależniony. Uzależnienie od seksu powoduje, że wszystko wchodzi na nowy poziom. Będziesz potrzebować profesjonalnego terapeuty przeszkolonego w zakresie uzależnienia od seksu, który poprowadzi Cię w kierunku powrotu do zdrowia. Kompulsywne zachowania tylko wzmacniają samotność i często odtwarzają traumę i ból, które miały miejsce. Zachowania seksualne mogą zapewnić tymczasową ulgę w problemach, wywołując efekt „haju", ale nie gwarantują trwałego pokoju, którego poszukujesz.

Jeśli w zakresie przywiązania odnotowujesz u siebie deficyty, zranienia lub przeżyłeś niepowodzenia relacyjne, będziesz podatny na uzależnienie od seksu. Uzależnienie sprawia, że wewnętrzna integracja jest bardziej czasochłonna, ponieważ będziesz musiał teraz bardziej się starać, aby wyeliminować ze swojego życia zachowania uzależniające od seksu. Twoje

---

58 *What's the Average Age of Someone's First Exposure to Porn?* (04. Mai 2018). Abgerufen am 24. Juli 2018 von https://fightthenewdrug.org/real-average-age-of-first-exposure/

59 Wilson, G. (2017). *Your brain on porn: Internet pornography and the emerging science of addiction.* Margate, Kent, Großbritannien: Commonwealth Publishing, S. 109.

60 Weiss, R. (2015). *Sex addiction 101: A basic guide to healing from sex, porn, and love addiction.* Deerfield Beach, FL: Health Communications, S. 141.

61 Carnes, P. und Carnes, P. (2001). *Out of the shadows: Understanding sexual addiction.* Center City, MN: Hazelden Information & Edu, S. 85.

zdrowienie będzie wymagało dodatkowo przezwyciężenia uzależnienia, ale, pamiętaj, jesteś w stanie przezwyciężyć swoje kompulsywne zachowania.

Jeśli jesteś uzależniony i nie potrafisz przestać, nie oznacza, że jesteś zboczeńcem. Uzależnienie od seksu jest czymś złożonym. Jest ono narkotykiem nowego pokolenia[62]. Będziesz potrzebował profesjonalnej pomocy i edukacji, aby je pokonać. Jednak, choć wydaje się to niemożliwe, można wyrwać się z jego sideł. Możesz opracować zdrowe sposoby radzenia sobie z popędem seksualnym. Jeśli podejmiesz trudną decyzję o skorzystaniu z pomocy, zyskasz więcej pokoju i szczęścia. Znajdź dorosłych mentorów, którzy otoczą Cię miłością, gdy będziesz szukać profesjonalnej pomocy. Nie tylko Ty zmagasz się z tym problemem, więc nie wstydź się.

Osoby uzależnione od seksu często zmagają się z głęboko zakorzenionymi negatywnymi przekonaniami na swój temat, które uniemożliwiają im znalezienie pomocy i wsparcia[63]. Jeśli zgadzasz się z którymkolwiek z czterech poniższych stwierdzeń, oznacza to, że Twoje własne sądy przyczyniają się do uzależnienia od seksu:

1. Jestem złym i niegodnym człowiekiem.
2. Nikt nie jest w stanie pokochać mnie takim, jakim jestem.
3. Nie mogę zaufać innym ani polegać na nich w kwestii zaspokajania moich potrzeb.
4. Życie bez seksu wydaje się niemożliwe.

Jak to już wcześniej omówiliśmy, wykorzystywanie seksualne nasila dynamikę poprzedzającą uzależnienie. Wykorzystywanie seksualne budzi uczucia seksualne i może powodować u niektórych chłopców kompulsywne zachowania seksualne. Na przykład niektórzy chłopcy mogą powtarzać zachowania seksualne, których byli ofiarą starając się w ten sposób poradzić sobie z tym trudnym doświadczeniem. Nazywa się to przymusem powtarzania i jest to typowa dynamika poprzedzająca uzależnienie[64].

Pamiętaj, że w uzależnieniu od seksu NIE chodzi o miłość, ale raczej o próbę regulowania przez mózg emocji i zranień związanych z przywiązaniem. Zachowania seksualne mogą uzależniać, więc bądź ostrożny i nie obawiaj się zwrócić o profesjonalną pomoc[65].

Dzielenie się swoją historią to ważny krok na drodze do wyzdrowienia. Forest Benedict

---

62 *How Porn Affects the Brain Like a Drug.* (26. Juni 2018). Retrieved from https://fightthenewdrug.org/how-porn-affects-the-brain-like-a-drug/.

63 Carnes, P. (1994). *Contrary to love: Helping the sexual addict.* Center City, MN: Hazelden Foundation, S. 87.

64 Van, B. A. (Juni 1989). *The compulsion to repeat the trauma. Re-enactment, revictimization, and masochism.* Abgerufen von https://www.ncbi.nlm.nih.gov/pubmed/2664732.

65 Carnes, P. (2001). *Out of the shadows: Understanding sexual addiction.* Center City, MN: Hazelden, S. 14.

powiedział, że „Pozwolenie zaufanym osobom zajrzeć do swoich ciemnych zakamarków może być niesamowicie przerażającym, a jednocześnie uzdrawiającym doświadczeniem."[66]. Dostępne są programy wsparcia. Anonimowi Seksoholicy w swojej zielonej książeczce piszą, że: „Wybieramy kogoś, komu ufamy, że wysłucha naszych doświadczeń... i kto już nas zna i akceptuje bezwarunkowo"[67]. Często strach przed byciem osądzonym buduje wokół nas mur, uniemożliwiając nam dzielenie się. Można bardzo się bać, że inni dostrzegą nasze zło i nas odrzucą[68]. Pamiętaj, że zdrowienie i rozwój duchowy zależą od uznania przez Ciebie, że potrzebujesz pomocy i nie poradzisz sobie sam[69]. Jesteśmy stworzeni do tworzenia więzi z innymi ludźmi i wspólnoty.

Czasami zwrócenie się do zaufanej osoby faktycznie pomaga zmniejszyć odczuwany wstyd, co z kolei pomaga w rzuceniu nałogu. Joshua Grubbs w interesującym badaniu pokazał, że osobiste wartości mogą sprawiać, iż czujemy się uzależnieni od pornografii. Innymi słowy, im większy wstyd i niepokój odczuwasz, tym większe może być poczucie, że jesteś od niej uzależniony[70]. Przeprowadził on kolejne badanie kilka lat później i stwierdził to samo: „... moralna dezaprobata i moralna niespójność (tj. poczucie, że czyjeś zachowania i wartości ich dotyczące są ze sobą niespójne) mogą w szczególności przyczyniać się do postrzeganych przez siebie problemów związanych z korzystaniem z pornografii."[71]. Mając to na uwadze, może warto porozmawiać z kimś o tym, w jaki sposób Twoje osobiste wartości przyczyniają się do Twojego niepokoju związanego z pornografią.

Tym niemniej, pornografia może być bardzo uzależniająca. Dr Voon z Uniwersytetu Cambridge przeprowadziła interesujące badania kliniczne. Wykonała ona rezonans magnetyczny u osób, które zmagają się z kompulsywnymi zachowaniami seksualnymi[72]. Wyniki wyraźnie pokazują obszary mózgu, które ulegają zmianom pod wpływem kompulsywnych zachowań seksualnych. Zmieniają one naszą kontrolę nad impulsami, zdolności emocjonalne i interakcje społeczne[73].

---

66 Benedict, F. (2017). *Life After Lust - Stories & Strategies for Sex & Pornography Addiction Recovery.* Visionary Books, S. 117.

67 *Sex Addicts Anonymous.* (2017). Houston, TX: International Service Organization SAA, S. 38

68 Carnes, P. (1994). *Contrary to love: Helping the sexual addict.* Center City, MN: Hazelden Foundation, S. 119.

69 Ryan, T. C. (2012). *Ashamed No More: A Pastor's Journey Through Sex Addiction.* InterVarsity Press, S. 102.

70 Grubbs, J. B., Carlisle, R., Hook, J., Pargament, K. und Exline, J. J. (Januar 2015). *Transgression as addiction: religiosity and moral disapproval as predictors of perceived addiction to pornography.* Archives of Sexual Behavior. https://pubmed.ncbi.nlm.nih.gov/24519108/.

71 Grubbs, J. und Perry, S. (2018). *Moral Incongruence and Pornography Use: A Critical Review and Integration.* The Journal of Sex Research, 1–34. https://doi.org/10.1080/00224499.2018.1427204

72 Voon, V., Mole, T. B., Banca, P., Porter, L., Morris, L., Mitchell, S., ... Irvine, M. (11. Juli 2014) *Neural correlates of sexual cue reactivity in individuals with and without compulsive sexual behaviours.* Abgerufen von https://www.ncbi.nlm.nih.gov/ pmc/articles/PMC4094516/.

73 Wilson, G. (2017). *Your brain on porn: Internet pornography and the emerging science of addiction.* Margate, Kent, Großbritannien: Commonwealth Publishing, S. 92

Co to oznacza? Oznacza to, że powoli stajesz się coraz bardziej impulsywny i masz większe trudności z emocjami i interakcjami społecznymi. Dr Don Hilton sugeruje, że jesteśmy stworzeni do intymności seksualnej z drugim człowiekiem, a nie z monitorem komputera. Twierdzi on, że młodym mężczyznom, którzy są przyzwyczajeni do uprawiania seksu przed ekranem komputera, najprawdopodobniej kobiety nie będą odpowiadać[74]. Zmienia to sposób funkcjonowania mózgu. Będzie to miało wpływ na emocje i interakcje społeczne. Niektórzy młodzi mężczyźni przyznają, że zaczynają mieć problemy z normalnym podnieceniem. Zauważają, że po dużych dawkach pornografii nie uzyskują erekcji w ten sam sposób. Niektórzy twierdzą, że trudno jest im nawet poczuć podniecenie przy zwykłej dziewczynie; prawie tak, jakby doświadczali zaburzeń erekcji. Niektóre badania dowodzą, że jest to nieprawda, ale jest to powszechnie zgłaszane w grupach odwykowych[75].

Podsumowując, pamiętaj, że sam fakt, że ciągle to robisz, niekoniecznie oznacza, że jesteś uzależniony. Większość młodych mężczyzn uważa pornografię za niezwykle kuszącą, ale nie są od niej uzależnieni[76]. Ciągłe oglądanie treści pornograficznych lub podejmowanie zachowań seksualnych może wzmacniać stworzone przez Ciebie wzorce, ale to, że nadal postępujesz w ten sposób, nie oznacza, że jesteś uzależniony. Bez względu na to, czy uważasz, że jesteś uzależniony czy nie, powinieneś zastanowić się, co powinno się zmienić, abyś mógł doświadczyć pełnego powrotu do zdrowia i integracji.

---

74 VIDEO: *Neurosurgeon Dr. Donald Hilton Reveals Shocking Scientific Truths About Porn.* Abgerufen am 28. Juli 2018 von https://fightthenewdrug.org/media/neurosurgeon-donald-hilton-jr-truths-about-porn-harms-brain.

75 Grubbs, J. und Gola, M. (2019). *Is Pornography Use Related to Erectile Functioning? Results From Cross-Sectional and Latent Growth Curve Analyses.* The Journal of Sexual Medicine, 16(1), 111–125. https://doi.org/https://doi.org/10.1016/j.jsxm.2018.11.004

76 Bothe, B., Toth-Kieraly, I., Potenza, M., Gabor, O. und Demetrovics, Z. (2020). *High-Frequency Pornography Use May Not Always Be Problematic.* The Journal of Sexual Medicine, 1–20. https://doi.org/10.1016/j.jsxm.2020.01.007

POWRÓT DO PEŁNI ŻYCIA

Rozdział 16 Pytania

1. Jakich uczuć doświadczasz, gdy mówimy o uzależnieniu od seksu?

❑ Zawstydzenie   ❑ Przestraszenie   ❑ Nieśmiałość

❑ Rozbawienie   ❑ Upokorzenie   ❑ Podekscytowanie

❑ Zaciekawienie   ❑ Poczucie winy   ❑ Zaniepokojenie

❑ Zakłopotanie   ❑ Zainteresowanie   ❑ Nerwowość

❑ Znudzenie   ❑ Podniecenie   ❑ Zawstydzenie

❑ Podatność na zranienie

❑ Inne ____

❑ Inne ____

2. Rozwiąż poniższy quiz, aby sprawdzić, czy jesteś uzależniony od seksu. Jeśli na większość pytań udzieliłeś odpowiedzi TAK, skonsultuj się z profesjonalnym terapeutą w sprawie ewentualnego uzależnienia od seksu:

TAK/NIE   Czy martwiłeś się, że coś może być z Tobą nie tak?

TAK/NIE   Czy czułeś się przygnębiony swoim zachowaniem?

TAK/NIE   Czy odczuwałeś niepokój lub panikę w związku ze swoim zachowaniem?

TAK/NIE   Czy kiedykolwiek czułeś, że nie możesz przestać?

TAK/NIE   Czy kontynuowałeś zachowanie, gdy było ono sprzeczne z Twoimi podstawowymi przekonaniami lub wartościami?

TAK/NIE   Czy próbowałeś przestać, ale za każdym razem bezskutecznie?

TAK/NIE   Czy czułeś, że popęd jest silniejszy od Ciebie?

TAK/NIE   Czy Twoje zachowania przeszkadzają Ci w robieniu innych rzeczy?

TAK/NIE   Czy praktycznie nie myślisz o niczym innym?

TAK/NIE   Czy te zachowania pomagają Ci się zrelaksować lub poczuć lepiej?

TAK/NIE   Czy te zachowania pomagają Ci uciec od stresu lub codzienności?

TAK/NIE   Czy te zachowania przypominają Ci o wcześniejszych doświadczeniach związanych z wykorzystywaniem?

TAK/NIE   Czy próbujesz jakoś ukrywać swoje zachowania?

3. Czy wysyłałeś erotyczne wiadomości, w tym swoje intymne zdjęcia? Opisz to poniżej i omów ze swoim terapeutą.

____

____

____

____

____

____

4. Czy zdarzyło się, że ktoś był zaniepokojony Twoimi zachowaniami seksualnymi? Opisz to poniżej i omów ze swoim terapeutą.

____

____

____

____

____

____

5. Czy kiedykolwiek angażowałeś się w „ryzykowne" zachowania seksualne? Opisz to poniżej i omów ze swoim terapeutą.

____

____

____

____

____

6. Czy kiedykolwiek oferowałeś jakieś zachowania seksualne w zamian za pieniądze lub prezenty? Opisz to poniżej i omów ze swoim terapeutą.

____

____

____

____

____

7. Ile czasu dziennie poświęcasz na oglądanie treści pornograficznych? Opisz to poniżej i omów ze swoim terapeutą.

____

____

____

____

____

____

8. Jakiego typu zdjęcia lub filmy pornograficzne oglądasz? Opisz je poniżej i omów ze swoim terapeutą.

____

____

____

____

____

____

9. W jaki sposób starasz się ukryć swoje zachowania seksualne? Opisz to poniżej i omów ze swoim terapeutą.

10. Czy jest jakiś aspekt Twoich zachowań seksualnych, który myślisz, że odbiega od normy? Opisz go poniżej i omów ze swoim terapeutą.

11. Czy miałeś pokusę, aby nawiązać kontakt seksualny ze starszymi osobami? Opisz to poniżej i omów ze swoim terapeutą.

12. Czy jest coś w Twoich zachowaniach seksualnych, co mogłoby być „niebezpieczne"? Opisz to poniżej i omów ze swoim terapeutą.

13. Z jakich zachowań seksualnych powinieneś zrezygnować w ramach procesu wychodzenia z nałogu? To będą Twoje najważniejsze cele. Wymień je poniżej i omów ze swoim terapeutą.

14. Jest wiele różnego rodzaju programów i profesjonalnych terapeutów, którzy mogą Ci pomóc w walce z uzależnieniem od seksu. Wyszukaj w Google dostępne opcje w Twojej okolicy. Wymień je poniżej i omów ze swoim terapeutą.

Notatki

Rozdział 17

Dezorientacja dotycząca przywiązania
Wykorzystywanie seksualne

Jeśli byłeś wykorzystany seksualnie, ktoś naruszył Twoje granice. Zignorował Twoje potrzeby i mógł sprawić, że poczułeś się gorszy. Twoje ciało zostało wykorzystane przez kogoś innego do jego własnych celów lub przyjemności. Zazwyczaj powoduje to emocjonalny lub fizyczny ból, dezorientujące uczucia seksualne, dyskomfort związany z własnym ciałem i ogólny brak pewności siebie[77].

Jeśli byłeś wykorzystywany seksualnie, nie jesteś w tym osamotniony. Niektórzy chłopcy z zseksualizowanymi przywiązaniami byli wcześniej wykorzystywani seksualnie. Jedną z najczęstszych konsekwencji wykorzystywania seksualnego jest dezorientacja. Molestowane dzieci często martwią się, że mogą być nienormalne lub mieć skłonności homoseksualne[78]. Jak zauważają różni terapeuci, samo molestowanie może być przyczyną zamieszania w tej materii[79]. Dla niektórych chłopców bycie wykorzystanym jest najgorszą rzeczą, jaka kiedykolwiek ich spotkała. To niesprawiedliwe. Czy coś takiego przydarzyło się Tobie? Czy ktoś starszy wykorzystał Cię w sposób, którego nie rozumiałeś?

Nawet nastolatkowie są wykorzystywani seksualnie przez innych młodych mężczyzn lub dorosłych. Przemoc seksualna powoduje uraz emocjonalny, kimkolwiek nie byłaby jej ofiara. Wywołuje ona rany związane z potrzebami przywiązania. Pod pewnymi względami przypomina to obrażenia fizyczne. Gdybyś złamał nogę podczas zabawy na podwórku z kolegami, potrzebowałbyś pomocy innych. Chociaż byłoby to dla Ciebie niefortunne zdarzenie, potrzebowałbyś kogoś, kto by Cię podniósł, nastawił złamane kości, założył gips, pomagał Ci, jeśli nie mógłbyś chodzić i pocieszał, gdy odczuwałbyś ból.

Chociaż urazy emocjonalne nie zawsze są oczywiste, unikanie pomocy może spowodować

---

77 Timms, R. J. und Connors, P. (1999). *Embodying healing: Integrating bodywork and psychotherapy in recovery from childhood sexual abuse.* Brandon, VT: Safer Society Press, S. 9.

78 Wright, L. B. und Loiselle, M. B. (1997). *Back on track: Boys dealing with sexual abuse.* Brandon: Safer Society Press, S. 78-79.

79 Kort, J. und Morgan, A. S. (2014). *Is my husband gay, straight, or bi?: A guide for women concerned about their men.* Lanham: Rowman & Littlefield, S. xv.

---

ich zaognienie. Pozostawia niewidzialne blizny, których nie można zobaczyć, ale które są odczuwalne wewnątrz. ZIGNOROWANIE przemocy seksualnej pozostawia rany na poziomie myśli i uczuć. Można się jednak z nich wyleczyć i odnaleźć pokój po bólu i zagubieniu, jakie wywołało molestowanie. Wymaga to czasu i pomocy ze strony innych ludzi. Wymaga cierpliwości i ciężkiej pracy, ale możesz wyzdrowieć.

Czym jest wykorzystywanie? Jeśli zostałeś oszukany, wprowadzony w błąd, zmuszony, przekupiony lub zastraszony, aby podjąć czynności seksualne przez kogokolwiek, kto był silniejszy niż Ty, to jest to wykorzystywanie. KAŻDY kontakt seksualny z dzieckiem zainicjowany przez osobę starszą od dziecka jest uznawany za wykorzystywanie. Nawet jeśli dziecko wydawało się chętne – nadal jest to wykorzystywanie. Dzieci nie mogą wyrazić świadomej zgody na takie zachowanie, ponieważ nie są dojrzałe ani doświadczone. Nie są w stanie poradzić sobie z takimi sytuacjami. Podobnie, jeśli ktoś dotykał Cię w sposób seksualny bez Twojej zgody lub wiedzy, jest to wykorzystywanie. Niektórzy chłopcy są wykorzystywani podczas snu lub złapani zanim zdążą zareagować. Są to również sytuacje stanowiące nadużycie.

Jednym z największych problemów chłopców wykorzystywanych seksualnie jest to, że często o tym nie mówią. Jeśli byłeś wykorzystywany seksualnie, możesz nie umieć wyrazić słowami tego, co Ci się przydarzyło lub jak się z tym czujesz. To jest w pełni zrozumiałe. Nie martw się, że nie potrafisz opowiedzieć o tym w odpowiedni sposób. Kiedy będziesz gotowy, słowa pojawią się same. Będziesz po prostu musiał o tym porozmawiać. Aby wyleczyć zranienia emocjonalne, ważna jest rozmowa.

Niektórzy chłopcy nie mówią nikomu o wykorzystywaniu, ponieważ boją się wpaść w tarapaty. Być może miało to miejsce, gdy byli z dala od domu, a może robili coś, czego nie powinni robić, a może znaleźli się w miejscu, w którym nie powinni się znaleźć. Jeszcze inni chłopcy milczą, ponieważ uważają, że powinni dać sobie radę sami. Chcą być twardzi. W niektórych przypadkach chłopcy są źli sami na siebie, ponieważ nie powstrzymali tego, co się stało. W innych przypadkach obawiają się, że ludzie nie uwierzą, że to się stało. Co gorsza, niektórzy chłopcy obawiają się, że osoba, która ich wykorzystała, w jakiś sposób ich skrzywdzi. Oprawcy czasami stosują groźby. Trudno jest samemu powstrzymać przemoc seksualną. Potrzebujesz wsparcia ze strony dorosłych dających poczucie bezpieczeństwa.

Inny problem pojawia się, gdy wykorzystywanie nie wygląda jak przemoc. Na przykład, być może było to po prostu wygłupianie się lub zabawa. Uczucia, które to wywołało, mogły być przyjemne. Spójrzmy prawdzie w oczy – części intymne chłopca są wrażliwe i bawienie się nimi może być podniecające. Aby jeszcze bardziej skomplikować sytuację, sprawcą mógł być ktoś, kogo ofiara podziwiała lub komu ufała[80]. Słyszałem, jak chłopcy mówili: *"Nie czuję się*

---

80 Wright, L. B. und Loiselle, M. B. (1997). *Back on track: Boys dealing with sexual abuse.* Brandon: Safer Society Press, S. 37.

---

wykorzystywany". Nawet jeśli nadużycie nie jest odczuwane jako wykorzystywanie, nadal jest szkodliwe i wprowadza dezorientację. To zaburza Twoje uzasadnione potrzeby przywiązania, bliskości i akceptacji.

Dezorientacja

Przemoc seksualna zraniła młodego chłopca w jego naturalnych potrzebach przywiązania. Jakie to potrzeby? Mogą one obejmować potrzebę mentoringu, potrzebę fizycznej czułości oraz potrzebę akceptacji lub afirmacji. W przypadku wykorzystania, ktoś starszy używa te naturalne potrzeby i nadaje im seksualny charakter.

Na przykład, jeśli już wcześniej odczuwałeś pragnienie posiadania mentora, trudno będzie Ci oprzeć się seksualnym zalotom starszego chłopca lub dorosłego, którego podziwiałeś. Prawdopodobnie zaspokajał on Twoją potrzebę akceptacji, więzi i uznania. Jeśli zaproponował spędzenie z Tobą czasu, a następnie nadał tym chwilom seksualny charakter, Twoja potrzeba kontaktu z mentorem została mylnie powiązana z uczuciami seksualnymi. Twoja naturalna potrzeba przywiązania została wykorzystana.

Potrzeba fizycznej czułości jest nie mniej ważna. Jak wyjaśniłem w poprzednim rozdziale, wszyscy potrzebujemy dotyku. Jeśli naturalnie szukałeś czułości w zdrowy sposób, a ktoś zaczął nadawać temu dotykowi seksualny charakter, Twoja naturalna potrzeba czułości została zaburzona. Twój mózg zaczyna kojarzyć dotyk i czułość z seksualnością. Po pewnym czasie fizyczna czułość i dotyk mogą zacząć Cię podniecać. Naturalna potrzeba czułości została przechwycona.

Chłopcy chcą czuć się akceptowani. Jeśli starszy mężczyzna zaprzyjaźnia się z młodszym chłopcem, a następnie nadaje ich interakcjom seksualny charakter, młodszy chłopiec, nie w pełni świadomy swojej potrzeby akceptacji zaczyna ją mylić z innymi emocjami i pragnieniami, co prowadzi do zamieszania. Aktywność seksualna staje się sposobem na otrzymanie akceptacji. Mózg chłopca interpretuje aktywność seksualną jako formę akceptacji. Jego naturalna potrzeba akceptacji i więzi zostaje wykorzystana.

To naturalne, że chłopiec potrzebuje wsparcia bardziej doświadczonego mężczyzny, czułości i zaakceptowania takim, jaki jest. Ale te potrzeby nigdy nie powinny być zaspokajane w sposób seksualny. Seks utrudnia kontakt z naturalnymi uczuciami. Może sprawić, że wykorzystywanie będzie zdawało się na miejscu, ponieważ *„chciałem tego"*. Ale przecież Ty potrzebowałeś wsparcia, czułości, akceptacji, aprobaty lub przyjaźni – a nie seksu.

Naturalna budowa ciała

Twoje genitalia są naturalnie zbudowane w ten sposób, ze są czułe i wrażliwe na łaskotki. Nie jest to złe ani niewłaściwe. Nie musisz czuć się z tego powodu winny lub zawstydzony. Twoje genitalia mogą wywoływać w Tobie ekscytujące i silne wrażenia. Jednak ktoś mógł Cię oszukać lub zmusić do obudzenia tych wrażeń zbyt wcześnie. Być może byłeś zbyt młody, by je zrozumieć. To nie była Twoja wina.

Każdy młody mężczyzna ma w sobie zapisane cechy, które pomagają mu dojrzeć do męskości. Niektóre z tych cech to ciekawość, skłonność do przygód i zabaw. Kiedy mężczyzna jest naturalnie ciekawy, odważny i żartobliwy, osiąga sukcesy w swojej karierze i zawodzie. Dzięki temu jest w stanie utrzymać rodzinę. Jednak te same cechy sprawiają, że chłopcy mogą stać się ofiarami przemocy. Naturalna ciekawość może prowadzić chłopców do eksploracji seksualnej. Pragnienie zabawy może prowadzić chłopca do zabaw, które następnie prowadzą do aktywności seksualnej. Potrzeba przygody może również prowadzić chłopca do podejmowania aktywności sprowokowanych, typu „założę się, że nie…".

Nie musisz czuć się źle z tym, że posiadasz te cechy. Zaakceptuj je. Używane w zdrowy sposób są one Twoimi atutami i pomogą Ci osiągnąć zdrową męskość. Jest to jednak nadużycie, gdy inni wykorzystują te cechy, aby nakłonić Cię do aktywności seksualnej.

Proces zdrowienia

roces zdrowienia emocjonalnego rozpoczyna się od uznania, że wykorzystywanie seksualne NIE BYŁO TWOJĄ WINĄ. Jeśli wykorzystywanie sprawiło, że poczułeś się źle sam ze sobą, to stanowi to problem. Pamiętaj, że to nie była Twoja wina. Nawet jeśli uważasz, że sam to spowodowałeś lub chciałeś to zrobić, prawdopodobnie byłeś zbyt młody, by mieć większą świadomość. Tak… nawet jako nastolatek. Kiedy dochodzi do wykorzystywania, chłopcy i nastolatki nie są w stanie w pełni zrozumieć, co się dzieje.

Częstym konsekwencją bycia wykorzystanym jest toksyczny wstyd. Wyrzuty sumienia są w porządku, ale nie musisz czuć się źle z samym sobą. Toksyczny wstyd różni się od poczucia winy czy wyrzutów sumienia. Jest toksyczny, ponieważ dostajemy przekaz, że jesteśmy bezwartościowi[81]. Pozbawia nas poczucia własnej wartości i pewności siebie oraz sprawia, że czujemy się jak nieudacznicy. Przyznanie, że coś się wydarzyło jest w porządku, ale błędem jest myślenie, że to definiuje to, kim jesteś. Spójrz na poniższą tabelę.

Toksyczny wstyd jest jak emocjonalny rak. Musisz powstrzymać go zanim zabije Cię od środka. Z Tobą jest wszystko OK! Nie wiedziałeś. Nie rozumiałeś. Najgorszą rzeczą, jaką

---

81 Ryan, T. C. (2012). *Ashamed No More: A Pastor's Journey Through Sex Addiction.* InterVarsity Press, S. 68.

---

możesz zrobić, to nosić w sobie toksyczny wstyd. Wybitny terapeuta Rob Weiss często pracuje z ofiarami wykorzystywania i twierdzi, że bycie wykorzystanym w dzieciństwie pozostawia u ofiar zarówno poczucie dezorientacji, jak i wstydu[82].

DOBRZE (poczucie winy)	ŹLE (toksyczny wstyd)
"to było złe..."	"jestem zły"
"to był błąd..."	"jestem błędem..."
"to było niewłaściwe..."	"coś ze mną jest nie tak..."

Być może zauważyłeś, że czym bardziej jesteś osamotniony ze swoim sekretem, tym bardziej rośnie poczucie wstydu. Wstyd świetnie rozwija się w izolacji. Musisz wyjść z ciemności i uzyskać wsparcie. Nadszedł czas, aby komuś o tym powiedzieć. Niech światło zajrzy w mroczny zaułek Twojego życia. Zdaję sobie sprawę, że to może być przerażające, jeśli do tej pory to ukrywałeś.

Kiedy w końcu zaczniesz się otwierać, ludzie nie zawsze będą wiedzieli, jak odpowiednio zareagować. Zamiast cierpliwie wysłuchać tego, o czym chcesz im powiedzieć, mogą odczuwać własne emocje związane z nadużyciem. Czasami mówią rzeczy, które jeszcze pogarszają sytuację; mogą zadawać nieprzemyślane pytania. Jeśli tak się stanie, pytania te odzwierciedlają ich własną niepewność. Nie przyjmuj na siebie toksycznego wstydu. Oto kilka absurdalnych pytań:

- *„Dlaczego pozwoliłeś, by to się stało?"*
- *„Dlaczego nie krzyczałeś lub nie wzywałeś pomocy?"*
- *„Dlaczego nie powiedziałeś mi o tym wcześniej?"*
- *„Dlaczego nie uciekłeś?"*

Poniżej przedstawiamy kilka innych ZŁYCH i NIEZDROWYCH reakcji:

- **Szok** – niektóre osoby reagują w sposób „zszokowany" i powodują, że czujesz się jeszcze gorzej. Zachowują się tak, jakby bycie wykorzystanym seksualnie było najgorszą możliwą rzeczą, jaka kiedykolwiek może się wydarzyć.

---

82 Weiss, R. (2015). *Sex addiction 101: A basic guide to healing from sex, porn, and love addiction.* Deerfield Beach, FL: Health Communications, S. 66.

- **Przerażenie** – niektórzy ludzie nadmiernie się martwią lub boją i mogą spowodować, że będziesz się jeszcze bardziej martwić lub bać.

- **Złość** – niektórzy ludzie wpadają w szał, gdy dowiadują się, że chłopiec padł ofiarą molestowania. Mogą krzyczeć lub wrzeszczeć. Taka reakcja jest trudna.

- **Milczenie** – niektórzy ludzie po prostu milczą, ponieważ nie wiedzą, co powiedzieć. Nie wiedzą, jak się zachować i czują się zdezorientowani.

- **Smutek** – dorośli mogą czuć się nadzwyczajnie smutni i zacząć się zamykać. Mogą być przytłoczeni żalem lub popaść w przygnębienie.

- **Obwinianie** – niektóre osoby mogą być zszokowane i chcieć przypisać ofierze winę za to, co się stało. Mogą powiedzieć coś w stylu: „Dlaczego mu na to pozwoliłeś?". Jeszcze inni mogą nawet obwiniać samych siebie: „Powinienem był zrobić więcej, by Cię ochronić... . Jestem okropnym rodzicem".

Nie daj się zwieść żadnej z tych negatywnych reakcji. Są to niezdrowe reakcje ludzi, którzy sami nie wiedzą, co mają zrobić. Ich niewłaściwa reakcja nie dotyczy Ciebie. Oni nie wiedzą, jak się zachować i reagują nieodpowiednio. Takie odpowiedzi mogą wpędzić Cię w toksyczny wstyd, więc bądź ostrożny. To właśnie ten toksyczny wstyd sprawi, że poczujesz się jeszcze bardziej zagubiony. Aktywność seksualna może wtedy stać się sposobem na samouspokojenie, co zwykle pogłębia wstyd i dyskomfort emocjonalny[83].

Poniżej znajdziesz listę zdrowych (właściwych) reakcji. Są to tego typu odpowiedzi, które można uzyskać od osób, które naprawdę mogą wesprzeć Cię w zdrowieniu. Pomagają one uniknąć poczucia toksycznego wstydu i poczuć się dobrze pomimo bycia wykorzystanym. Zapoznaj się z nimi.

Właściwe reakcje

- Kocham Cię i jestem przy Tobie, aby pomóc ci przejść przez ten kryzys."

- "Nie jesteś sam. To przydarzyło się także innym dzieciom."

- "To, co Ci się przydarzyło, nie było twoją winą. Jedyną osobą, która postąpiła źle, jest sprawca."

- „Musimy powstrzymać tę drugą osobę przed zrobieniem tego Tobie ponownie lub komukolwiek innemu w przyszłości."

- „Chcę Cię ochronić przed tą osobą."

- „Masz dużo odwagi, by mi o tym powiedzieć. Jestem z Ciebie dumny. Jesteś

---

83 Weiss, R. (2015). *Sex addiction 101: A basic guide to healing from sex, porn, and love addiction.* Deerfield Beach, FL: Health Communications, S. 66.

naprawdę silny.”

- „To naprawdę do bani, że tak się stało, ale możesz przez to przejść.”

- „Chcę być przy Tobie.”

- „Chcę pomóc Ci przez to przejść. Popracujmy nad tym razem.”

- „Znajdźmy dobrego terapeutę i grupę wsparcia, którzy pomogą Ci to uleczyć.”

- „Tak mi przykro. Mogę Cię przytulić?”

- „Cieszę się, że mi to powiedziałeś! To wymagało pewnej odwagi.”

- „Jestem z Ciebie bardzo dumny, że mi powiedziałeś. Zajmijmy się tym wspólnie.”

Jedną z najlepszych rzeczy, jakie możesz zrobić, aby wyzdrowieć, jest znalezienie zaufanej dorosłej osoby i opowiedzenie jej o tym, co się stało. Jeden z terapeutów zauważył, że nic nie zmniejsza poczucia wstydu lepiej niż wyjście z ukrycia, podzielenie się swoją historią i możliwość wysłuchania innych, którzy dzielą się podobnymi historiami[84]. Wybierz kogoś, kto umie słuchać. Jeśli nie potrafi, poszukaj innej osoby. Nie ustawaj, dopóki nie znajdziesz kogoś, komu możesz zaufać i opowiedzieć o tym, co się stało. Jeśli podzielisz się tym, co się zdarzyło, rozpoczniesz proces zdrowienia. Może to wydawać się przerażające, ale wyjście z izolacji pomoże zmniejszyć wstyd. Staraj się nie zniechęcać, jeśli ktoś źle zareaguje. Znajdź kogoś innego, kto POTRAFI zachować się w zdrowy sposób.

Dobry terapeuta lub mentor może pomóc Tobie i Twojej rodzinie poradzić sobie z traumą. Mogą oni pomóc wam w podjęciu otwartego dialogu na temat emocji i odbudować Twoją pewność siebie. Mogą Ci pomóc zmienić autodestrukcyjne myśli lub zachowania spowodowane przemocą. Mogą udzielić Ci wsparcia i zapewnić Ciebie i członków Twojej rodziny, że nie ponosisz winy za zachowanie sprawcy. Mogą pomóc  Ci znowu poczuć się normalnie. Mogą także nauczyć Cię umiejętności niezbędnych do przejęcia kontroli nad własnym ciałem i zapobiegania byciu wykorzystanym w przyszłości.

---

84 Katehakis, A. (2016). *Sex addiction as affect dysregulation: A neurobiologically informed holistic treatment.* New York: W. W. Norton & Company, s. 225.

Rozdział 17 Pytania

1. Kto wykorzystał Cię seksualnie?

❑ Sąsiad   ❑ Wujek   ❑ Nieznajomy   ❑ Opiekun na obozie

❑ Ojciec   ❑ Brat   ❑ Opiekunka do dziecka

❑ Przyjaciel rodziny   ❑ Nauczyciel   ❑ Kuzyn   ❑ Duchowny

❑ Ojczym   ❑ Matka   ❑ Kolega   ❑ Macocha

❑ Rodzic kolegi/koleżanki   ❑ Trener   ❑ Nastolatek

❑ Inny _________________________

2. Zaznacz wszystkie poniższe NORMALNE potrzeby, które sprawiły, że byłeś bardziej podatny na wykorzystanie.

❑ Potrzeba mentora   ❑ Potrzeba uwagi

❑ Potrzeba akceptacji   ❑ Chciałem być częścią grupy

❑ Szukałem przygody   ❑ Byłem ciekawy

❑ Po prostu chciałem się powygłupiać   ❑ Inne _________________________

3. To, co się stało, wyglądało na wykorzystywanie w następujący sposób:

❑ Byłem zmuszany   ❑ Próbowałem to powstrzymać, ale nie mogłem

❑ To mnie zraniło   ❑ To było straszne i przerażające

❑ Zostałem zgwałcony   ❑ Nie potrafiłem tego powstrzymać

❑ On mną manipulował   ❑ Nie wiedziałem, co się dzieje

❑ Zostałem oszukany   ❑ Wykorzystał, że byłem słabszy

❑ Nie zdawałem sobie sprawy ❑ To stało się tak szybko, że nie mogłem zareagować

❑ Inne _________________________   ❑ Inne _________________________

---

4. Opowiedziałem o tym komuś i spotkałem się z następującą negatywną reakcją:

❑ Zszokowany　　　　　　❑ Przestraszony lub zmartwiony

❑ Zły lub wściekły　　　　❑ Milczący

❑ Smutek　　　　　　　　❑ Obwinianie

❑ Inne ___________________

5. Jeśli ktoś zareagował na to negatywnie, napisz, co się stało. Czy czułeś się zawstydzony jego reakcją?

____

____

____

____

____

____

____

6. Nigdy nikomu o tym nie powiedziałem, ponieważ...

❑ Nie chciałem mieć kłopotów.

❑ Byłem w miejscu, w którym nie powinienem być.

❑ Powinienem był to przerwać.

❑ Czułem, że poradzę sobie z tym sam.

❑ Nie miałem nikogo, komu mógłbym o tym powiedzieć.

❑ Nie byłem pewien, co powiedzieć.

❑ To było zbyt krępujące.

❑ Nie chciałem wyjść na mięczaka.

❑ Nikt by mi nie uwierzył.

❑ Bałem się, co pomyślą inni.

❑ Nie chciałem, żeby ktoś się na mnie wkurzył.

❑ Nie byłem pewien, co powiedzieć.

❑ Czułem się, jakby to była moja wina.

❑ Czułem się winny.

❑ Bałem się, że sprawca mnie skrzywdzi.

❑ Bałem się, że nikt mi nie uwierzy.

7. Wymień wszystkich dorosłych, z którymi mógłbyś porozmawiać o tym, co się stało.

____

____

____

____

8. Kiedy młody człowiek pada ofiarą przemocy seksualnej, sprawca zazwyczaj wykorzystuje jego naturalną potrzebę czułości, akceptacji lub afirmacji. W jaki sposób te zdrowe potrzeby dawały o sobie poznać zanim doszło do wykorzystania? (Na przykład: „Kiedy byłem mały, uwielbiałem, gdy mój starszy brat się ze mną siłował lub gdy tata całował mnie w czoło…”).

Czułość:

Akceptacja:

Afirmacja:

9. Opisz wszystko, co Ci się przydarzyło. Nie ma znaczenia, czy było to dla Ciebie niewłaściwe czy nie, po prostu zapisz wszystkie szczegóły. Przedyskutuj to zarówno z zaufanym mentorem, jak i ze swoim terapeutą.

Rozdział 18

Czynniki wpływające na przywiązanie

Uwarunkowania genetyczne

Uwarunkowania genetyczne to cechy, które każda osoba posiada od urodzenia. Cechy te są w nas zakodowane. Każdy chłopiec ma predyspozycje, które czynią go niepowtarzalnym i powinniśmy cieszyć się z tej różnorodności. Przywiązanie będzie zarówno wpływać na te skłonności, jak i będzie nimi uwarunkowane. Innymi słowy, Twoje doświadczenia związane z tworzeniem więzi wpłyną na to, jak Twoje cechy genetyczne będą się przejawiać. I odwrotnie: Twoje uwarunkowania genetyczne będą miały wpływ na Twoją skłonność do tworzenia przywiązania i relacji.

W swojej książce o uzależnieniu i przywiązaniu P. Flores zauważył, że przywiązanie może zmieniać ekspresję genów[85]. Ten nowy obszar badań nazywany jest epigenetyką i w skrócie analizuje sposób, w jaki nasze otoczenie zmienia lub wypiera genetyczne uwarunkowania (ekspresję genów)[86].

A oto przykład: młody mężczyzna jest wysoki, ma dobry wzrok, ma dobrą koordynację i jest silny. Czy to oznacza, że zostanie automatycznie koszykarzem? Oczywiście, że nie. Oznacza to, że ma genetyczne predyspozycje do koszykówki. Może być naturalnie uzdolniony do lekkoatletyki, ale musi ćwiczyć każdego dnia, rzucać do kosza, dryblować piłką, grać z kolegami i mieć jakiegoś trenera. Przy spełnieniu odpowiednich przesłanek może stać się doskonałym koszykarzem.

Odwrotna sytuacja jest również jak najbardziej możliwa. Jeśli nigdy nie dotknął piłki, nigdy nie zagrał w meczu, nigdy nie rzucał do kosza ani nie dryblował piłką, to nigdy nie osiągnie żadnych umiejętności w koszykówce. Mimo że ma ku temu predyspozycje genetyczne, bez odpowiedniego treningu i wysiłku nigdy nie rozwinie swoich umiejętności. Wniosek wydaje się oczywisty, że dana osoba może mieć genetyczne predyspozycje, które uaktywniają się

---

85 Flores, P. J. (2012). *Addiction as an attachment disorder. (Sucht als Bindungsstörung)* Lanham: Jason Aronson, S. 161.

86 Weiss, R. (2015). *Sex addiction 101: A basic guide to healing from sex, porn, and love addiction. (Grundlagen der Sexsucht: Ein Leitfaden zur Behandlung von Sex-, Pornografie- und Liebessucht)* Deerfield Beach, FL: Health Communications, S. 60

---

dopiero pod wpływem zachowania i środowiska. Jest to sedno teorii epigenetycznej[87].

W 1991 roku psychologowie przeprowadzili badania identycznych bliźniąt, aby przeanalizować uwarunkowania genetyczne i seksualne. Było to znakomite badanie, ponieważ identyczne bliźnięta mają identyczne DNA. Jeśli czynniki genetyczne determinują orientację seksualną, to oba bliźnięta powinny mieć taką samą orientację. Jednak podczas analizowania orientacji seksualnej obaj bliźniacy doświadczali uczuć homoseksualnych tylko w 52% przypadków[88]. To istotne badanie ujawniło, że uwarunkowania genetyczne są tylko jednym z czynników wpływających na seksualność, a pociąg wydaje się być produktem złożonych interakcji między predyspozycjami genetycznymi a wpływem środowiska w dzieciństwie i okresie dojrzewania[89].

Rozważając wpływ czynników genetycznych, musisz określić, jakie są Twoje wyjątkowe predyspozycje. Są to cechy, z którymi się rodzisz i które mogą mieć wpływ na Twoje wzorce. Na przykład dziecko może urodzić się z emocjonalną lub wrażliwą naturą i łatwo je urazić lub zranić. Gdy poczuje się zranione, może mieć silniejszą tendencję do wycofywania się lub dystansowania. Jego wrażliwe usposobienie sprawia, że wycofuje się z możliwości nawiązywania relacji. Innymi słowy, jego usposobienie czyni go bardziej podatnym na deficyty przywiązania. Niemożliwe jest stworzenie wyczerpującej listy predyspozycji, ponieważ możliwości są nieograniczone, ale niektóre typowe przykłady to: nieśmiałość, strachliwość, skłonność do stanów lękowych, upór, delikatność, pomysłowość, nieporadność, introwertyzm, melancholia, skłonność do wycofywania się, nieśmiałość, poczucie bycia nieważnym lub wrażliwość.

Moja matka powiedziała mi, że jestem bardzo wrażliwy i uparty. Gdy przypomnisz sobie moją historię, mam nadzieję, że uda Ci się dostrzec niektóre z moich skłonności, które przyczyniły się do powstania moich wzorców. Poświęć chwilę, aby zidentyfikować swoje własne predyspozycje genetyczne i zastanów się, jak wpływają one na Twoje przywiązania.

Pamiętaj, że inni młodzi mężczyźni o podobnym usposobieniu często reagują w różny sposób. Ich reakcje mogą być inne niż Twoje. Ich predyspozycje mogły nie wpłynąć na ich wzorzec pobudzenia w ten sam sposób, więc nie wstydź się ani się nie porównuj. Nie warto tracić energii emocjonalnej na rozpamiętywanie. Zrobiłeś wszystko, co mogłeś w oparciu o to, co rozumiałeś. Podejmij decyzję, by iść naprzód.

---

87 Weiss, R. (2015). *Sex addiction 101: A basic guide to healing from sex, porn, and love addiction.* Deerfield Beach, FL: Health Communications, S. 60

88 Bailey, J. M. und Pillard, R. C. (1991). *A Genetic Study of Male Sexual Orientation.* Archives of General Psychiatry, 48(12), 1089. doi:10.1001/archpsyc.1991.01810360053008.

89 Kirk, M. und Madsen, H. (1990). *After the ball: How America will conquer its fear and hatred of gays in the 90s.* New York: Plume, S. 184.

Rozdział 18 Pytania

1. Zaznacz wszystkie z poniższych cech, które Cię opisują:

❏ Wrażliwy   ❏ Emocjonalny   ❏ Czuły   ❏ Uparty

❏ Nieśmiały   ❏ Nieustępliwy   ❏ Strachliwy   ❏ Niespokojny

❏ Nieśmiały   ❏ Analityczny   ❏ Kreatywny   ❏ Niewysportowany

❏ Muzykalny   ❏ Delikatny   ❏ Artystyczny   ❏ Pragnący uwagi

❏ Inne _________________   ❏ Inne _________________

❏ Inne _________________   ❏ Inne _________________

2. Wyjaśnij, w jaki sposób zaznaczone powyżej cechy przejawiają się w Twojej osobowości?

____

____

____

____

____

3. Wyjaśnij, w jaki sposób te cechy wpływają na Twoje wzorce zachowania?

____

____

____

____

4. Napisz o sytuacji, kiedy jak pamiętasz wskutek jakiejś Twojej cechy trudniej Ci było nawiązać kontakt z mentorami (na przykład: "Byłem wrażliwy..., a reakcja mojego trenera wydawała się szorstka, więc...").

____

____

____

____

____

____

____

5. Napisz o sytuacji, kiedy jak pamiętasz wskutek jakiejś Twojej cechy trudniej Ci było nawiązać kontakty z innymi chłopcami (na przykład: „Byłem nieśmiały, więc nigdy nie spędzałem czasu z innymi chłopakami...").

____

____

____

____

____

____

6. Napisz o sytuacji, kiedy jak pamiętasz wskutek jakiejś Twojej cechy trudniej Ci było poczuć się męskim i pewnym siebie (na przykład: „Byłem mały i chudy..., więc unikałem kwalifikacji do drużyny...").

7. Napisz o sytuacji, kiedy jak pamiętasz wskutek jakiejś Twojej cechy nawiązanie kontaktu z dziewczynami było łatwiejsze albo trudniejsze (na przykład: „Lubiłem rozmawiać..., a dziewczyny chciały rozmawiać...").

8. Opisz jak rozumiesz, w jaki sposób Twoje wyjątkowe predyspozycje genetyczne wpłynęły na Twoje wzorce zachowań.

Rozdział 19

Regulowanie własnego filtra percepcyjnego

Jeśli masz zseksualizowane przywiązania, prawdopodobnie rozwinąłeś w swoim umyśle filtr percepcyjny, przez który postrzegasz siebie i świat. Filtr ten może powodować postrzeganie zwykłych doświadczeń jako odbiegających od normy. Możesz nadawać sobie etykiety, które są niewłaściwe. Być może na wczesnym etapie życia postrzegałeś siebie jako odmiennego, podczas gdy w rzeczywistości inni chłopcy mieli podobne zmartwienia i obawy. Szkoda, jeśli chłopcy źle interpretują zwykłe doświadczenia, przypisują je („filtrują") do kategorii „nienormalnych" i nadają sobie etykietę bycia kimś odmiennym.

Postrzeganie siebie jako osoby wybrakowanej lub odbiegającej od normy jest niezdrowe. Sprawia, że czujesz się oddalony od innych, a nie związany z nimi. Wyzdrowienie i regeneracja muszą obejmować całkowite odwrócenie poczucia wyobcowania[90]. Oznacza to potrzebę wyregulowania filtra odpowiadającego za to, jak subiektywnie postrzegasz siebie wśród innych ludzi na świecie. Percepcja siebie może utrwalać nieprawidłowe etykiety. Jesteś normalny, jeśli odnajdujesz się w którymkolwiek z poniższych przykładów. Te doświadczenia mogą tworzyć mętlik w głowie, ale są powszechne.

\\

WĄTPLIWOŚĆ: *„Chciałem przebywać bardziej z chłopcami niż z dziewczynami".*

OBIEKTYWNA RZECZYWISTOŚĆ: To normalne, że chłopcy pragną towarzystwa innych chłopców. To część naturalnego dążenia do przywiązania i więzi. Chłopcy lubią przebywać z innymi chłopcami. Często złoszczą się, gdy dziewczęta ingerują w ich relacje. Kilka przykładów: grupa młodszych chłopców tworzy klub „tylko dla chłopców" i jest sfrustrowana, gdy dziewczyny próbują do niego dołączyć; szkolna potańcówka, na której większość chłopców stoi razem i wzajemnie się podbudowuje; kumple, którzy stają się zazdrośni, gdy jeden z nich odchodzi z grupy, by spędzać czas ze swoją dziewczyną.

\\

---

90 Carnes, P. und Carnes, P. (2001). *Out of the shadows: Understanding sexual addiction.* Center City, MN: Hazelden Information & Edu, S. 31.

WĄTPLIWOŚĆ: *„Byłem ciekawy wyglądu ciała innych chłopców i tego, jak wypadam na ich tle".*

OBIEKTYWNA RZECZYWISTOŚĆ: W bardzo młodym wieku dzieci stają się ciekawe własnego ciała i tego, jak wypada ono w porównaniu z innymi. W okresie dojrzewania u większości chłopców wzrasta ciekawość, ponieważ w ich ciele następują zmiany fizyczne. Nastolatków często intryguje to, jak zmiany te wypadają na tle innych osób w ich wieku. Wraz z dojrzewaniem u chłopców pojawiają się mięśnie, owłosienie i inne zmiany. Czasami w szatni chłopcy patrzą na siebie nawzajem, aby się przyjrzeć lub porównać. Wkrótce odkrywają, że istnieje wiele różnic między poszczególnymi typami budowy ciała. Ciekawość jest czymś zupełnie normalnym.

WĄTPLIWOŚĆ: *„Pociągali mnie mężczyźni i chłopcy, którzy byli atrakcyjni, wysportowani i popularni".*

OBIEKTYWNA RZECZYWISTOŚĆ: Większość ludzi lubi towarzystwo osób atrakcyjnych pod względem wyglądu lub osobowości. Większość mężczyzn i chłopców lubi przebywać w towarzystwie przystojnych, odnoszących sukcesy lub popularnych mężczyzn. Wszyscy lubimy otaczać się ludźmi, których podziwiamy. Podziwiamy tych, którzy mają takie cechy, jakie sami chcielibyśmy posiadać. Ten pociąg jest normalną sprawą, ale w przypadku chłopców spragnionych więzi tendencja ta będzie się nasilać.

WĄTPLIWOŚĆ: *„Byłem przez kogoś wykorzystany... ale podobała mi się czyjaś uwaga - czułem się z tym dobrze".*

OBIEKTYWNA RZECZYWISTOŚĆ: Wykorzystywanie często ma miejsce ze strony kogoś, kogo podziwiamy lub z kim chcemy spędzać czas. Patrzymy na tę osobę jak na wzór do naśladowania. Ufamy jej i chcemy być blisko niej. Gdy ktoś taki wykorzystuje naszą bezbronność, czujemy się zmieszani. Chcemy być blisko tej osoby. Nasze genitalia są wrażliwe, więc łatwo je pobudzić. Tacy się urodziliśmy. Niezależnie, czy w niewłaściwy sposób dotykała cię kobieta czy mężczyzna, mogło to wywołać przyjemne doznania, co oznacza, że wszystko działa poprawnie. Fizyczna stymulacja narządów płciowych powoduje większy napływ krwi do penisa i erekcję. Tkanka narządów płciowych pęcznieje z powodu zwiększonego przepływu krwi. Fizyczny bodziec wywołuje fizyczną reakcję. Reakcja ta może być przyjemna niezależnie od tego, co ją wywołuje.

WĄTPLIWOŚĆ: *„Podniecałem się, gdy byłem z innymi chłopcami".*

OBIEKTYWNA RZECZYWISTOŚĆ: Chłopcy mogą być podnieceni w sposób, który nie jest bezpośrednio seksualny. Erekcja nie zawsze wiąże się z pociągiem seksualnym. Czasami intensywne emocje, takie jak strach lub niepokój, mogą powodować erekcję. Na przykład, chłopiec może mieć erekcję, gdy zostanie poproszony o wystąpienie przed klasą. Lęk związany z daną sytuacją może spowodować erekcję. Chłopcy czasami mają spontaniczne erekcje w nieoczekiwanych momentach bez żadnego powodu. Może się to również zdarzyć, gdy części intymne ocierają się o ubranie, ręczniki itp. i pojawia się przyjemne uczucie. Okres dojrzewania to czas szybkiego podniecania się, więc samo pozostawanie nago może wywołać podniecenie (co może być niezręczne na siłowni). To, że chłopiec ma erekcję, nie zawsze oznacza, że ma to podłoże seksualne.

WĄTPLIWOŚĆ: *"Nie potrafię określić, kim jestem z powodu moich skłonności".*

OBIEKTYWNA RZECZYWISTOŚĆ: W okresie dojrzewania młody mężczyzna może czuć się zdezorientowany co do swojej seksualności. W tym czasie wzorce pobudzenia mogą się zmieniać w zależności od doświadczeń życiowych i stanu emocjonalnego. Czasami traumatyczne wydarzenia, takie jak gwałt lub molestowanie, mogą powodować zmiany w podnieceniu seksualnym. Młodzi mężczyźni nie powinni definiować siebie poprzez pociąg lub seksualność. Poszukaj wskazówek od życzliwych mentorów, którzy mogą wesprzeć Cię w procesie samopoznania.

WĄTPLIWOŚĆ: *"Nienawidzę lekkoatletyki i uwielbiam muzykę, sztukę i taniec. Normalni mężczyźni uwielbiają sport i nie lubią tych innych rzeczy".*

OBIEKTYWNA RZECZYWISTOŚĆ: To zrozumiałe, że w kulturze mającej obsesję na punkcie gwiazd sportu i sportowych idoli, młody mężczyzna, który nie nauczył się uprawiać sportu lub jest mniej wysportowany, może czuć się nie na miejscu. Mężczyźni i chłopcy często nie uprawiają sportu, ponieważ wolą inne zajęcia. Mężczyźni, którzy są bardziej kreatywni, często wolą muzykę i sztukę. Nawet w lekkoatletyce każdy mężczyzna wybiera konkretną dyscyplinę, którą preferuje. Budowa fizyczna każdego człowieka jest wyjątkowa, więc mężczyźni dążą do aktywności, która pasuje do ich budowy ciała. Na przykład mężczyźni o większych gabarytach mogą preferować piłkę nożną, podczas gdy szczupli lub wysocy mężczyźni mogą preferować koszykówkę. Tężsi mężczyźni mogą czuć się niekomfortowo grając w koszykówkę, ponieważ nie przychodzi im to tak naturalnie. Istnieje nieskończona różnorodność sportów, co wynika z tego, że istnieje tak wiele różnych typów budowy ciała. Nie oznacza to, że jest z Tobą coś nie tak, ponieważ nie lubisz sportu. Co więcej, niektórzy mężczyźni nie mieli styczności z pewnymi aktywnościami w okresie dorastania i po prostu nie są mocni w sporcie. To z kolei utrudnia im czerpanie przyjemności ze sportu i zmniejsza skłonność do udziału w nim.

WĄTPLIWOŚĆ: *„Nie mam obsesji na punkcie dziewczyn, ani nie jestem nimi jakoś szczególnie zainteresowany”.*

OBIEKTYWNA RZECZYWISTOŚĆ: Młodzi chłopcy są zazwyczaj bardziej zainteresowani przyjaźnią między sobą niż dziewczynami. Typowa ciekawość płci przeciwnej rozwija się później, gdy chłopcy zaczynają wyobrażać sobie siebie w romantycznych związkach. Omawiają tę ciekawość ze swoimi rówieśnikami w takim zakresie, w jakim czują się bezpieczni i zgrani. Dyskusje te wzmacniają męską więź i dają młodemu mężczyźnie odwagę do odkrywania. Później ta ciekawość przeradza się w romantyczny pociąg. Chłopcy mogą próbować całować lub trzymać się za ręce z dziewczyną. Romantyczne uczucia rozwijają się w miarę dojrzewania. Należy jednak zauważyć, że niektórzy chłopcy nigdy nie mają obsesji na punkcie dziewcząt. Zainteresowanie bez popadania w obsesję jest czymś normalnym.

WĄTPLIWOŚĆ: *„Jestem ciekawy dziewczyn, ale nie jestem podniecony seksualnie przez 100% czasu”.*

OBIEKTYWNA RZECZYWISTOŚĆ: Zdrowi mężczyźni nie mają obsesji na punkcie seksu przez cały czas ani nawet przez większość czasu. Ciągłe myślenie o seksie świadczyłoby o uzależnieniu od seksu. Zaabsorbowanie tym tematem zmniejszy się, jeśli tylko będziesz nadal pracować nad swoim zdrowieniem i odbudową. Oczekiwanie jednak, że w miejsce obsesyjnych myśli o mężczyznach zaczniesz obsesyjnie fantazjować o kobietach jest zarówno nierealne, jak i niezdrowe. Nieopanowane, ciągłe dążenie do podniecenia seksualnego jest niezdrowe. Uprzedmiotowienie innej osoby (traktowanie jej jako obiektu własnej przyjemności) nie jest normalne i nie świadczy o wewnętrznej równowadze. Ludzie nie są przedmiotami. Zdrowy pociąg do kobiet powinien obejmować emocjonalną intymność i więź. Powinien być opanowany, ale i ekscytujący.

WĄTPLIWOŚĆ: *„Jestem wrażliwy i emocjonalny jak dziewczyna. Chłopcy nie powinni tacy być”.*

OBIEKTYWNA RZECZYWISTOŚĆ: Wszyscy chłopcy doświadczają emocji, ale niektóre kultury uczą chłopców ukrywania swoich uczuć. W kulturze północnoamerykańskiej powszechne są takie przekazy: „płacz czyni cię mięczakiem”, „jeśli się boisz, jesteś mięczakiem”, „okazywanie emocji czyni cię słabym”. Komunikaty te są po prostu błędne. Niektórzy chłopcy z natury są bardziej wrażliwi, ale nie oznacza to, że są słabi lub coś jest z nimi nie tak. Bycie wrażliwym jest OK. Niektórzy chłopcy ukrywają swoje emocje, ale to nie znaczy, że nie mają uczuć. Większość chłopców i mężczyzn okazuje emocje, gdy nie mogą ich stłumić. Czy zauważyłeś kiedyś, że chłopcy płaczą po ciężkiej porażce na zawodach sportowych? Albo gdy skaczą na siebie w ferworze emocji po wygranym meczu? Zacznij szukać przykładów mężczyzn wyrażających emocje. Wszyscy mężczyźni mają uczucia i mogą być wrażliwi i troszczyć się o siebie nawzajem.

WĄTPLIWOŚĆ: *„Już w bardzo młodym wieku wiedziałem, że jestem inny”.*

OBIEKTYWNA RZECZYWISTOŚĆ: Chłopcy ze zranieniami w sferze przywiązania zazwyczaj czują się inni. Czasami trudno jest określić, kiedy te uczucia się pojawiają. Chłopcy często opisują, że czują się odseparowani, są bardziej związani z dziewczynami, czują się niezręcznie w towarzystwie mężczyzn, nie lubią agresywnych gier itp. Biorąc pod uwagę problemy emocjonalne, które kumulują się od wczesnego wieku, powinno być zrozumiałe, dlaczego młody mężczyzna może w pewnym sensie wierzyć, że zawsze był inny. Deficyty przywiązania i zranienia, które omówiliśmy w tym podręczniku, pojawiały się przez lata, począwszy od bardzo wczesnego wieku. Naucz się rozpoznawać problemy w sferze przywiązania do innych osób, które nasilały się z biegiem czasu i pracuj z terapeutą nad ich uleczeniem i własną odbudową. Wzorce pobudzenia nie pojawiły się z dnia na dzień, ale powstawały latami.

Rozdział 19 Pytania

1. Spójrz na poprzedzające strony i zakreśl te wątpliwości, z którymi się identyfikujesz. Dlaczego bliskie Ci są właśnie te, które zakreśliłeś? Wyjaśnij każdą z nich.

____

____

____

____

____

2. Kiedy pojawiła się u Ciebie dezorientacja w sferze seksualnej? Napisz o konkretnym zdarzeniu.

____

____

____

____

____

3. W jaki sposób pomaga Ci świadomość, że jesteś podobny do większości chłopców?
Innymi słowy - jak to jest wiedzieć, że nie różnisz się od nich aż tak bardzo?

____

____

____

____

____

____

____

4. Pomyśl o chłopcach w szkole, kościele, w sąsiedztwie itp. Czy możesz wyobrazić sobie
sytuacje, w których mogli czuć się tak samo jak Ty?

____

____

____

____

____

5. ZADANIE DO WYKONANIA: Być może ktoś, kogo znasz, miał podobne spostrzeżenia. Znajdź kogoś, z kim możesz przeprowadzić wywiad i podsumuj jego odpowiedzi.

6. Napisz o jakimkolwiek INNYM błędnym postrzeganiu lub nieporozumieniu, z którego zdajesz sobie teraz sprawę, które mogło spowodować, że czułeś się nienormalnie lub różniłeś się od innych chłopców.

7. **ZADANIE DO WYKONANIA:** Znajdź zaufanego mentora płci męskiej, który będzie wspierał Cię w odbudowie. Zapytaj go o wszelkie błędne przekonania *jakie* on sam miał o sobie w okresie dorastania.

W jakich sytuacjach *on* czuł się nienormalnie lub inaczej? Jak udało mu się zmienić te błędne przekonania? Teraz napisz poniżej, czego się dowiedziałeś.

____

____

____

____

____

____

____

____

____

____

____

Notatki

Rozdział 20

Rozpocznij swoją odbudowę

Niestety, ludzie o dobrych intencjach wyrządzili krzywdę osobom z zseksualizowanymi przywiązaniami. Osoby o skrajnie prawicowych poglądach próbowały „przemodlić to". Takie podejście pozostawia osoby w duchowym kryzysie, gdy nie dochodzi do ich magicznego uleczenia.

Z kolei przedstawiciele skrajnej lewicy przyklejają etykiety i zakładają, że każdy, kto ma skłonności homoseksualne, musi być gejem. Nie biorą pod uwagę istnienia emocjonalnych zawirowań, które mogą leżeć u podstaw dezorientacji w sferze seksualnej. Nawet badania prowadzone przez badaczy o lewicowych poglądach wspominały o heteroseksualnych mężczyznach ze skłonnościami homoseksualnymi[91]. Często młodzi ludzie z problemami w sferze zseksualizowanych przywiązań akceptują etykiety, które zostały im z góry przypisane.

Skuteczne leczenie powinno koncentrować się na uzdrawianiu zranień związanych z przywiązaniem, zaspokajaniu deficytów w przywiązaniu i wychodzeniu z uzależnienia (jeśli ma ono miejsce). Powinieneś skupić się na przyczynach problemów. Ważne, by Twoja definicja „sukcesu" we własnej odbudowie oparta była na kategoriach zdrowienia i odbudowy.

Niektóre osoby będące autorytetami religijnymi, które głoszą posłuszeństwo Bogu, ale nie rozumieją procesów zdrowienia i odbudowy, modlą się o magiczne uzdrowienie. Podobnie niektórzy profesjonalni terapeuci mogą nie mieć wykształcenia w obszarze seksualizacji przywiązań i bezmyślnie przyklejają etykiety swoim klientom. Niewłaściwe podejście w każdej z tych sytuacji może prowadzić do frustracji.

Jeśli czytasz ten podręcznik, ponieważ chcesz zmienić swoje skłonności, to gorąco zachęcam Cię, abyś jako swój główny cel postawił wyzdrowienie i wewnętrzną odbudowę. Musisz konsekwentnie stosować zasady zdrowienia omówione w tej książce. Przestań oczekiwać jakiegoś magicznego uzdrowienia.

Przeprowadziłem wywiad z mężczyzną przechodzącym terapię odwykową, który opowiedział mi następującą historię o swoim życiu:

---

91 Ward, J. (2016). *Not Gay – Sex Between Straight White Men.* Paw Prints.

"Przez długi czas nie próbowałem zwracać się o pomoc, ponieważ nie sądziłem, że jest ona możliwa. Byłem uzależniony od seksu i miałem wiele emocjonalnych zranień. Kompulsywne zachowania seksualne i ciężka depresja stały się moim stylem życia. Na zewnątrz wszystko wyglądało w porządku, ale od środka rozpadałem się na kawałki.

Zacząłem odkrywać książki, seminaria i poradnictwo. Przejrzałem mnóstwo informacji i zacząłem rozumieć pierwotne przyczyny moich zmagań. Zacząłem identyfikować moje niezaspokojone podstawowe potrzeby. Czułem się niekochany, niewystarczający, niepewny i słaby. Podjąłem więc pracę nad zranieniami z przeszłości.

Nie miałem kontroli nad większością doświadczeń z dzieciństwa, ale to właśnie one wpłynęły na to, że miałem zniekształcony obraz samego siebie. Odnalezienie prawdziwych przyczyn mojego zagubienia i depresji dało mi nadzieję. Nie chodzi mi tylko o moje zachowanie czy powierzchowne rzeczy, ale o gruntowną przemianę".

Na potrzeby tego podręcznika starałem się zaprezentować najczęstsze problemy związane z seksualizacją przywiązania. Starałem się wyjaśnić pojęcia potrzebne dla wyzdrowienia w prosty sposób. Będziesz jednak musiał zabawić się w detektywa we własnym procesie poznawania siebie i stosowania ww. zasad do własnego przypadku. Może to zająć trochę czasu, więc bądź cierpliwy. Własna odbudowa to maraton, a nie sprint. Wymaga konsekwentnego wysiłku i determinacji przez dłuższy czas, a nie krótkotrwałego zapału. Zmiany, które zachodzą w procesie solidnej odbudowy, wymagają czasu. Sam potrzebowałem na to kilku lat. Moi przyjaciele z tej drogi mają takie samo doświadczenie. Nie zniechęcaj się... Po prostu bądź wytrwały.

Po pierwszej konferencji dla mężczyzn miałem podstawowe pojęcie o korzeniach moich problemów. Bardzo mnie to cieszyło, ponieważ szukałem tego wiele lat. Modliłem się do Boga o uzdrowienie i dopiero po latach zrozumiałem, że Bóg nie miał zamiaru magicznie mnie „uzdrowić". Chciał raczej, bym sam odkrył swoje rany i braki, których doświadczyłem, a które mogły spowodować całe to zamieszanie. Chciał, bym doświadczył wyzdrowienia w moim życiu. Moja dezorientacja wynikała z uzasadnionych ludzkich potrzeb, które w Bożym zamyśle miały być zaspokojone. Nie chciał, bym je zignorował ani wymodlił, by znikły. Były to potrzeby więzi i relacji, potrzeby pewności siebie i siły, potrzeby uzdrowienia emocjonalnych zranień. Dopiero, jak te potrzeby zostały zaspokojone, a rany się zabliźniły w procesie odbudowy, zacząłem doświadczać przemiany wewnątrz mnie.

Słyszałem, jak pewna psycholog powiedziała ważne zdanie, które do mnie bardzo trafiło.

Zauważyła, że niektóre osoby z dezorientacją seksualną nie mają nieprawidłowych potrzeb, ale że normalne potrzeby pozostały niezaspokojone lub lokowane w okresie dorastania. Powiedziała, że potrzeby jako takie są normalne, ale brak ich zaspokojenia lub bariery w ich zaspokajaniu są czymś niezdrowym i nieprawidłowym. Mówiła też, że wyzdrowienie oznacza spełnienie tych niezaspokojonych potrzeb. Powiedziała, że Bóg nie leczy ludzi z uzasadnionych potrzeb[92].

Podoba mi się sposób, w jaki to powiedziała, ponieważ pomógł mi on uświadomić sobie, że wszyscy młodzi mężczyźni potrzebują nawiązywać między sobą relacje. Moje skłonności były często odzwierciedleniem uzasadnionych potrzeb; nie byłem z natury zepsuty czy odmienny. Pomogła mi ona poczuć się normalnie.

Wcześniej moje modlitwy były bezmyślne. Prosiłem o coś magicznego, zamiast prosić Boga, by mnie tego nauczył. Dowiedziałem się, że Bóg chciał, abym dowiedział się, jak mogę wyzdrowieć. Chciał, abym odnalazł prawdziwe więzi i uleczył emocjonalne zranienia. Kiedy zacząłem modlić się o to, by Bóg otworzył mi oczy i dał odwagę, pojawiły się bardziej czytelne odpowiedzi[93].

Zaczęły otwierać się drzwi umożliwiające mi odbudowę.

Znalezienie terapeuty

Prawdopodobnie nie będziesz w stanie zrozumieć wszystkiego, co jest Ci potrzebne, korzystając wyłącznie z tej książki. Niniejszy podręcznik stanowi jedynie punkt wyjścia. Będziesz musiał znaleźć inne książki i zasoby, które Ci pomogą. Sugerowałbym znalezienie terapeuty, który rozumie kwestie związane z zseksualizowanym przywiązaniem. Kiedy ja znalazłem terapeutę, który był gotowy na naukę w tym zakresie, spotykałem się z nim przez ponad rok. Ten pierwszy rok był kluczowy dla rozpoczęcia procesu mojego zdrowienia.

Należy wystrzegać się terapeutów, którzy starają się swoje działania dostosować do swoich przekonań politycznych. Niektórzy z nich są niewystarczająco wykształceni w tym temacie i zasłaniają się w ocenie sytuacji osobistymi lub politycznymi opiniami. Potrzebujesz terapeuty, który jest otwarty na zdobywanie wiedzy i rozpoznawanie różnych kwestii związanych z seksualizacją przywiązań w Twoim życiu. Inny przyjaciel na ten samej drodze zdrowienia powiedział mi: "Nie tylko zmagałem się ze swoją seksualnością, ale równie trudno było mi znaleźć profesjonalistów, którzy rozumieliby moją sytuację i wiedzieli jak pomóc mi się

---

92 Moberly, E. R. (2006). *Homosexuality: A New Christian Ethic. (Homosexualität: Eine neue christliche Ethik)* Lutterworth Press.

93 Josua 1, 9

wyleczyć. Tak trudno było wytłumaczyć moje problemy terapeutom, którzy nie mieli o tym pojęcia".

W procesie poszukiwania dobrego terapeuty warto rozważyć postawienie kilku pytań. Nie bój się zadzwonić do kilku różnych terapeutów i porozmawiać z nimi przez telefon. Zajmie to tylko kilka minut. Poniżej kilka przykładowych pytań, które warto zadać.

Możliwe pytania do terapeuty

1. Czy zna Pan teorię przywiązania?

2. Czy odbył Pan szkolenie na temat zseksualizowanych przywiązań?

3. Jak wygląda Pana podejście do pracy nad wychodzeniem z uzależnienia?

4. Czy ma Pan wiedzę na temat zranień związanych z przywiązaniem?

5. Proszę opowiedzieć mi o swoim wykształceniu i przeszkoleniu w zakresie uzależnienia od seksu?

6. Z jakich metod terapeutycznych Pan korzysta?

7. Czy przeszedł Pan swoją własną terapię?

Motywacja

Silna motywacja do terapii i własnej odbudowy jest niezbędna. Musisz mocno pragnąć rozpocząć tę drogę. Podejmowanie połowicznych wysiłków nie pomoże Ci przejść przez ten proces. Twoje pragnienie musi być na tyle silne, że będziesz gotów robić rzeczy, których nigdy wcześniej nie robiłeś. Twoja motywacja musi być silniejsza niż Twój lęk.

Nieustanne odczuwanie pokusy może być zniechęcające. Pamiętam, że czułem się owładnięty przez seksualne obsesje. Myśli na ten temat towarzyszyły mi przez cały dzień. Byłem jak alkoholik, który wprawdzie nie pije, ale nieustannie o tym myśli.

Rozmawiałem z młodymi mężczyznami, którzy zaczęli eksperymentować i dość szybko przerodziło się to w kompulsywne zachowania seksualne. Niewinna ciekawość i eksploracja mogą przerodzić się w uzależnienie. Czasami pokusa powoduje wahania i niepokój, ale to normalne. Jeśli nie jesteś odpowiednio zdeterminowany, pokusa będzie stanowić wyzwanie i zniweczy Twoje wysiłki. Jeśli nie masz gorącego pragnienia i długoterminowej determinacji, nie odniesiesz sukcesu. Solidna odbudowa wymaga czasu, zaangażowania i wytrwałości.

Co więc możesz zrobić, aby wzmocnić swoje pragnienie wyzdrowienia i odbudowy? Zacznij od częstego zaglądania do tego podręcznika i znajdź dodatkowe zasoby, które pomogą Ci utrzymać Twoje cele. Pomocne mogą być na przykład motywujące wystąpienia znanych mówców lub duchownych na temat sukcesu i wyznaczania celów. Możesz także uczestniczyć w konferencjach, na których osoby na drodze terapeutycznej dają świadectwa, słuchać podcastów, przeglądać pomocne strony internetowe i słuchać płyt CD lub oglądać filmy DVD. Rodzice, autorytety religijne, przyjaciele lub rodzeństwo, którzy wspierają Cię w procesie zdrowienia, mogą być ogromnym źródłem inspiracji. Trzymaj się blisko tych osób, które chcą Cię zachęcać i wspierać. Znajdź miejsca, do których możesz się udać, aby podnieść się na duchu, uzyskać wsparcie, inspirację i zachętę do kontynuowania tej przygody. Pamiętaj, że ten proces to maraton, a nie sprint.

Określ swoje cele

Jeśli chcesz, aby zaangażowanie w zdrowienie i odbudowę przetrwało próbę czasu, powinieneś wyznaczyć sobie cele do osiągnięcia. Pomyśl o tym procesie jak o trawniku pokrytym opadłymi liśćmi. Zaczynasz grabić w jednym miejscu, usuwając po trochu liści na raz, aż w końcu cały trawnik jest czysty. Odbudowa to proces, a nie jednorazowe wydarzenie. Czasami będziesz pracować nad kilkoma celami jednocześnie. Z kolei innym razem skupisz się na jednym prostym celu. Trwała regeneracja następuje dzięki wprowadzeniu zmian w nawykach i stylu życia. Potrzebujesz zastanowić się nad zmianą dotychczasowego sposobu życia: gdzie znajdujesz wsparcie, swoje nawyki, schematy, myśli i otoczenie.

Realistyczne oczekiwania

Chciałbym, abyś miał realistyczne oczekiwania dotyczące zdrowienia i odbudowy. Nie istnieje magiczne lekarstwo. Nawet jeśli jesteś stabilny i dobrze sobie radzisz, będziesz musiał dbać o siebie przez całe życie. Zasady te nie odbiegają zbytnio od tych, które dotyczą osób zmagających się z różnymi innymi problemami (np. alkoholizmem, stanami lękowymi, bulimią). Osoby te również muszą starać się zachować pewne zasady w procesie zdrowienia, by uporać się ze swoimi problemami.

Dla niektórych z nas dezorientacja seksualna była objawem, który wyrósł z potrzeb przywiązania i zranień odniesionych na przestrzeni życia. W rezultacie może pojawić się w Twoim umyśle jakaś stara myśl lub niechciane uczucie. Być może w chwilach niepokoju Twój mózg powraca do starych wzorców. Jeden z moich klientów opisał pewne doświadczenie, które nie należy do rzadkości:

> *"Od kilku lat jestem szczęśliwym mężem wychowującym dwójkę małych*
> *dzieci. Ale z jakiegoś powodu, kiedy straciłem pracę, pojawił się ogromny stres.*
> *Odrzucenie ze strony szefa wywołało wspomnienia o byciu molestowanym w*

dzieciństwie i znowu zacząłem zmagać się ze starymi seksualnymi myślami z przeszłości".

Takie sytuacje nie należą do rzadkości. Nie oznacza to, że nie jesteś w trakcie zdrowienia lub że nie dokonałeś zmian. Oznacza to, że Twój mózg domyślnie korzysta ze starego szablonu. Może minąć kilka lat, zanim mózg ustanowi nowe wzorce, które będą bardziej naturalne i automatyczne. Nie zniechęcaj się tym normalnym zjawiskiem, po prostu podnieś się i idź dalej do przodu.

Twój mózg może również powrócić do swojego pierwotnego wzorca po prostu z powodu odczuwanych emocji. Nie musi to być wcale coś tak dramatycznego, jak zwolnienie z pracy. Po prostu pozbieraj się i idź naprzód.

Pewien nastoletni klient opisał to w ten sposób:

"Czasami nudzę się w domu lub po prostu chciałbym spędzić więcej czasu z kolegami i wracają stare uczucia. To prawie tak, jakby moja potrzeba przeżycia przygody i nawiązania kontaktu przypominała mi o starych przeżyciach".

Kiedy miałem czternaście lat, nauczyłem się na pamięć „Sonaty Księżycowej" Beethovena i występowałem na konkursach. Ćwiczyłem tę muzykę przez lata. Kiedy ukończyłem szkołę średnią, nadal potrafiłem zagrać większą część utworu z pamięci. Pięć lat później potrafiłem zagrać tylko pierwszą stronę z pamięci, a resztę z nut. Teraz, ponad trzy dekady później, potrafię grać tylko mając nuty przed sobą. Nie jestem w stanie niczego zagrać z pamięci. Na podobnej zasadzie wyleczenie i zapomnienie emocjonalnych zranień może zająć trochę czasu.

Mam przyjaciela, który zmaga się z nadwagą. Kiedy intensywnie pracuje stosując dietę i ćwiczy, udaje mu się zrzucić zbędne kilogramy. Ale czy uda mu się ją utrzymać? To zależy od jego motywacji do przestrzegania nowych wzorców żywieniowych i regularnych ćwiczeń. Jeśli stworzy długotrwałe zdrowe nawyki, zmiany staną się znacznie trwalsze.

Jednakże nierzadko zdarza się, że osoba otyła myśli o pysznych potrawach, którym wcześniej nie mogła się oprzeć. Mózg może skierować ją z powrotem w stronę starych wzorców. Jeśli powróci do nich, w końcu ponownie przybierze na wadze. Ale im dłużej funkcjonuje w nowy sposób, tym trwalsza staje się utrata wagi. Tak właśnie wygląda wewnętrzna odbudowa (ang. recovery)

Uważaj na pierwsze sygnały uzależnienia

Predyspozycje mogą być tylko wierzchołkiem góry lodowej. Osoby z zseksualizowanym przywiązaniem są już gotowe do kompulsywnej aktywności seksualnej. Wewnętrzna dynamika emocjonalna uczyniła nas podatnymi na poważniejszy problem. Problemy w sferze przywiązania stworzyły emocjonalny klimat dla uzależnienia. Ta dynamika wpędziła nas w obsesję i emocjonalne zaabsorbowanie. Niektórych moich przyjaciół pchnęło to w eksperymentowanie, co wkrótce przerodziło się w nałogowe zachowania wykraczające poza eksperymentowanie.

Zachowaj ostrożność, jeśli dezorientacja sprawia, że jesteś bardzo emocjonalnie zaabsorbowany. Podejdź do odbudowy tak, jakbyś mógł faktycznie stać się uzależniony. Nigdy nie stawiaj się w ryzykownych sytuacjach, aby się sprawdzić. Nie testuj swojej trzeźwości, aby sprawdzić, czy potrafisz powstrzymać się od picia. Anonimowi Alkoholicy nazywają to „równią pochyłą”. Podczas prób sprawdzania siebie może się okazać, że stare wzorce zaczną Cię przerastać. Wewnętrzna emocjonalna dynamika jest podatna na uzależnienie, więc bądź ostrożny.

Rozmawiałem z entuzjastycznym młodym mężczyzną, który opisał swoje pierwsze podniecenie z dziewczyną. Chciał się przekonać, czy te odczucia są prawdziwe. Chciał się poddać próbie, więc odwiedził stare strony pornograficzne, aby zobaczyć, co się stanie. Jego mózg szybko powrócił do pierwotnego wzorca i powróciły poprzednie wspomnienia. Znalazł się na równi pochyłej. Nie można utrzymać nowych wzorców, jeśli regularnie powraca się do starych.

Myśli o Bogu

Zawsze myślałem, że poszukiwałem Boga, ale moje modlitwy często były źle ukierunkowane. Prosiłem Boga o magiczne lekarstwa. Myśli o seksie wprawiały mnie w zakłopotanie, nie rozumiałem, że były one oparte na uzasadnionych potrzebach – tęsknocie za przywiązaniem, którą zaszczepił we mnie Bóg; pragnieniu bycia kochanym przez mężczyzn, więzi z nimi, przyjęcia przez nich i pewności siebie w świecie zdrowej męskości. Kiedy zacząłem modlić się o możliwości wyzdrowienia, odpowiedź Boga była bardziej oczywista. Bóg chciał, abym czuł się kochany, akceptowany i doceniany.

Jeśli jesteś religijny, możesz modlić się do Boga, aby pomógł Ci znaleźć kolegów, którzy będą Cię szczerze kochać; braci, z którymi możesz poczuć więź; mentorów, którzy będą serdeczni; grupy, w których możesz znaleźć akceptację i zajęcia, dzięki którym możesz rozwinąć pewność co do swojej tożsamości. Zapytaj Boga, gdzie znaleźć to, czego potrzebujesz. Biblia mówi: „Proście, a będzie wam dane; szukajcie, a znajdziecie; kołaczcie, a otworzą wam”[94].

---

94 Matthäus 7, 7. Einheitsübersetzung, ökumenischer Text, 1980.

Skoro Bóg zna Twoje zmagania, zwróć się do Niego o pomoc. On wie, jak Ci pomóc. Jesteś Jego dzieckiem, a On zna wszystkie włosy na Twojej głowie. Kocha Cię jako swoje stworzenie. On rozumie Twój ból. Prosi nas, abyśmy Go szukali. On chce Ci pomóc. Uwierz w Boga, który wybawia. Zaufaj Mu, że poprowadzi Cię do odpowiedzi. On doprowadzi Cię do odpowiedzi, których potrzebujesz. Mam nadzieję, że niektóre z tych odpowiedzi znajdziesz w tej książce. Skorzystaj z treści w niej na modlitwie, aby dowiedzieć się, które kwestie są dla Ciebie najbardziej odpowiednie. Biblia mówi: „Jak ojciec ma litość nad dziećmi, tak Pan ma litość nad tymi, którzy się go boją. On bowiem wie, z czego jesteśmy ulepieni; pamięta, że jesteśmy prochem"[95].

Poczucie bycia niekochanym lub odrzuconym przez rodzinę lub rówieśników jest wyniszczające. Jeśli czujesz się opuszczony lub odrzucony przez swojego ziemskiego ojca, może być ci trudno uwierzyć w Ojca Niebieskiego, który jest ci szczerze oddany; uwierzyć w Boga, który ma na względzie twoje dobro. Mnie, jako chrześcijaninowi, dodała odwagi świadomość, że Chrystus umarł za mnie, ponieważ mnie KOCHA. „Albowiem tak Bóg umiłował świat, ze Syna swego jednorodzonego dal, aby każdy, kto wen wierzy, nie zginał, ale miał żywot wieczny."[96].

On chce, abyś wiedział, jak to jest być kochanym przez ojca; że troszczy się o Ciebie tak bardzo, że oddałby własne życie, aby Cię obronić. Chce być przy Tobie. Chce o Ciebie walczyć. Chce być Twoim mentorem i przyjacielem. On stanie razem z Tobą do walki. Nie zostawi Cię samego.

Apostoł Paweł powiedział: „Dotąd nie przyszło na was pokuszenie, które by przekraczało siły ludzkie; lecz Bóg jest wierny i nie dopuści, abyście byli kuszeni ponad siły wasze, ale z pokuszeniem da i wyjście, abyście je mogli znieść"[97]. Zauważmy, że Paweł mówi, iż Bóg przygotowuje wyjście. Innymi słowy, Bóg wie, że czasami pokusa będzie przytłaczająca i wskazuje Ci drogę ucieczki.

Pamiętaj, że Bóg patrzy. Jest Twoim największym fanem. Cieszy się, że znajdujesz odpowiedzi. To właśnie ma na myśli Bóg, gdy Jan mówi: „Wtedy poznacie prawdę, a prawda was wyzwoli"[98].

Kiedy już przeczytasz tę książkę, wróć do niej i zdecyduj, które obszary wymagają Twojej uwagi i wysiłku. Kiedy rozpocząłem proces własnej odbudowy, zdałem sobie sprawę, że moje relacje z rówieśnikami płci męskiej były najbardziej zaburzone, więc to właśnie stało się

---

95 Psalm 103, 13-17.

96 Jan 3, 16.

97 1 Kor 10, 13.

98 Jan 8, 32.

moim celem i od tego zacząłem zdrowienie. Po przeczytaniu tej książki i dokonaniu pewnej introspekcji, będziesz miał lepsze wyobrażenie o tym, od czego powinieneś zacząć. Zasięgnij porady profesjonalnego terapeuty. Wyznacz cele i stwórz plan działania. Podziel się tymi celami ze wspierającą rodziną, przyjaciółmi i mentorami. Dasz radę to zrobić.

Notatki

Rozdział 20 Pytania

1. Jakie masz inne obawy lub pytania dotyczące procesu zdrowienia?

2. Czy znasz kogoś, kto został skrzywdzony przez nieodpowiedniego terapeutę? Porozmawiaj o tym ze swoim terapeutą.

3. Jakie wnioski wyciągnąłeś dla siebie z tego podręcznika?

____

____

____

____

____

____

4. Czy kiedykolwiek czułeś się zniechęcony, ponieważ ludzie przyklejali Ci etykietę
(szufladkowali Cię) bez zrozumienia Ciebie?

____

____

____

____

____

____

5. Będziesz potrzebował znaleźć terapeutę, który rozumie problemy związane z zseksualizowanym przywiązaniem i koncepcje opisujące ścieżkę powrotu do zdrowia. Czego potrzebujesz, aby upewnić się, że Twój terapeuta rozumie Ciebie i Twoją historię?

6. Czy potrafisz zdefiniować niektóre z celów, które potrzebujesz sobie wyznaczyć?

7. W skali od jednego do dziesięciu, jak silna jest Twoja motywacja do wyzdrowienia i odbudowy siebie? Zakreśl cyfrę.

1   2   3   4   5   6   7   8   9   10

8. Wyjaśnij, dlaczego zakreśliłeś tę liczbę i przedyskutuj to ze swoim terapeutą.

____

____

____

____

____

____

9. Co to znaczy trwać w procesie zdrowienia? Przedyskutuj to ze swoim mentorem i terapeutą.

____

____

____

____

____

10. Czy miałeś wrażenie, że znajdujesz się we wczesnej stanie uzależnienia? Jakie rodzaje myśli lub zachowań doprowadziły Cię do takiego wniosku?

11. Dlaczego eksperymentowanie jest niebezpieczne także wtedy, gdy pojawiają się tylko pierwsze symptomy uzależnienia?

12. Jak mógłbyś zwiększyć skuteczność swojej modlitwy dla siebie samego?

13. **ZADANIE DO WYKONANIA:** Znajdź osobę dorosłą, której możesz zaufać i porozmawiaj z nią o sprawach religijnych i duchowych, które odnoszą się do Twojego zdrowienia i odbudowy. Zapisz, czego dowiedziałeś się podczas tej rozmowy.

14. Co hamuje twój proces zdrowienia i odbudowy?

15. Wymień wszystkie zasoby, z których dotychczas korzystałeś w celu znalezienia odpowiedzi.

Rozdział 21

Narzędzia pomocne w odbudowie

W procesie zdrowienia i odbudowy (regeneracji) jest wiele do zrealizowania, więc staraj się nie ulegać zniechęceniu. Zajmuj się tylko jednym celem na raz i dostrzegaj postępy. Skorzystaj z narzędzi opisanych w tym rozdziale, by pomóc sobie w tym procesie.

Potraktuj swoją odbudowę jako grę zespołową, a odniesiesz większy sukces. Dziel się narzędziami ze swoimi mentorami i terapeutami. Stwórz zespół, który otoczy Cię wsparciem. Warto, by inni znali Twoje cele. Kiedy się nimi podzielisz, stworzysz okazję, by ktoś bezwarunkowo Cię zaakceptował i wspierał[99]. Mężczyźni współpracują drużynowo, by wygrywać mecze i toczyć boje. Wspierają się nawzajem na boisku i na polu bitwy. Rozwijaj swój zespół.

Plan działania

Poniżej znajdziesz przykład „Planu działania". Możesz dodać lub wykreślić z niego niektóre punkty, aby dopasować go do swoich indywidualnych potrzeb. Przeglądaj ten plan co miesiąc i w razie konieczności wprowadzaj poprawki.

Data: _styczeń_

PRZYKŁAD

Mój plan minimum (zachowania, które muszę porzucić):

Nie będę oglądać niczego pornograficznego.

Mój zasób własnej wartości (pudełko, które stworzysz, żeby przypominać sobie o wszystkich Twoich pozytywnych cechach)

Uzupełnię mój zasób nie później niż (data): _20 stycznia_

Osoby, do których zadzwonię, kiedy będę potrzebował porozmawiać lub będę czuł się samotny:

wujek Tyler, Logan, dziadek, Nathan

---

99 Baer, G. (2003). *Real love: The truth about finding unconditional love and fulfilling relationships.* New York: Gotham Books, S. 47.

Spotkania

Indywidualne poradnictwo: *Spotkanie z Jasonem raz w tygodniu*

Spotkania grupy wsparcia: *Udział w spotkaniu Seksoholików*

Wizyta u duchownego: *Spotkanie z Pastorem Johnem raz w miesiącu*

Grupa młodzieżowa/religijna: *Uczestnictwo w cotygodniowych spotkaniach małej grupy; próba otwarcia się.*

Wizyta u mentora: *Wujek Tyler*

Osobista refleksja

Czytanie na temat zdrowienia (15 minut dziennie):

„Powrót do pełni życia" co dzień, poszukiwanie innych pomocnych materiałów

Prowadzenie dziennika:

Zacznę codziennie zapisywać w dzienniku rzeczy z podręcznika, które mnie dotyczą i jak radzę sobie z ich stosowaniem w praktyce

Duchowość

Modlitwa:

Co wieczór i co rano, podczas modlitwy zrobię przerwę na refleksję

Studiowanie Pisma Świętego:

Plan czytania Biblii: 10 min dziennie

Służba na rzecz innych:

Wolontariat w służbie deskorolkowej lub koszykarskiej dla dzieci z sąsiedztwa w poniedziałkowe i środowe popołudnia

Ciało

Sposoby na to, by zapewnić sobie zdrowy dotyk i czułość:

Poproszę wujka Tylera żeby mnie przytulił, gdy się z nim zobaczę, spróbuję przywitać się z kolegami przytuleniem lub przybiciem piątki

Plan na wystarczającą ilość snu (zmęczenie powoduje większe trudności):

Pójdę spać o 22:30

Plan na zdrowe odżywianie (będziesz mieć więcej trudności, jeśli będziesz się źle odżywiać):

Będę jadł wszystkie trzy posiłki i będę miał w plecaku jakieś zdrowe przekąski na podwieczorek podczas treningu na sali gimnastycznej

Ćwiczenia fizyczne:

Poranny bieg przed zajęciami

Tworzenie więzi

Dorośli mentorzy, których podziwiam i którzy mogliby spędzać ze mną czas:

wujek Tyler, pastor John, dziadek, może trener Richard po treningu

Aktywności, które mogę wykonywać z mentorami:

<u>*Chcę, aby dziadek nauczył mnie łowić ryby, wujek Tyler*</u>

<u>*powiedział, że pomoże mi nauczyć się gry w koszykówkę, pastor*</u>

<u>*John zabierze mnie na coś słodkiego*</u>

Młodzi mężczyźni, z którymi chciałbym nawiązać relację:

<u>*Noah i Aaron ze szkoły, Layton z małej grupy, moi kuzyni*</u>

<u>*Willum i Jeffrey*</u>

Aktywności, które mogę wykonywać razem z innymi młodymi mężczyznami:

<u>*Moi kuzyni lubią grać w piłkę w parku, chodzić do kina,*</u>

<u>*spędzać czas po szkole, grać w gry wideo w Internecie*</u>

Zdrowa męskość

Aktywności, których mogę się nauczyć i które pomogą mi poczuć się pewnie:

<u>*Poproszę wujka Tylera o pomoc w nauce gry w koszykówkę,*</u>

<u>*naprawdę chciałbym nauczyć się grać bez lęku*</u>

Talenty, które mogę rozwijać i które pomogą mi poczuć się pewnie:

<u>*Koszykówka, uczenie się, jak mogę lepiej nawiązywać relacje z*</u>

<u>*kolegami w szkole, chciałbym też zaprosić dziewczynę na bal*</u>

Inne:

<u>*Chciałbym zmienić moje ubrania – zmienić mój wygląd.*</u>

<u>*Potrzebuję poprosić kuzynów o poradę*</u>

Mój plan działania

Data: _______________________

Mój plan minimum (zachowania, które muszę porzucić):

____

____

Mój zasób własnej wartości (pudełko, które stworzysz, żeby przypominać sobie o wszystkich Twoich pozytywnych cechach)

Uzupełnię mój zasób nie później niż (data):_______________________

Osoby, do których zadzwonię, kiedy będę potrzebował porozmawiać lub będę czuł się samotny:

____

Spotkania

Indywidualne poradnictwo: _______________________________________

Spotkania grupy wsparcia: ____

Wizyta u duchownego: ____

Grupa młodzieżowa/religijna: _____________________________________

____

Wizyta u mentora: ____

Osobista refleksja

Czytanie na temat zdrowienia (15 minut dziennie):

____

____

Prowadzenie dziennika:

____

____

Duchowość

Modlitwa:

____

____

Studiowanie Pisma Świętego:

____

Służba na rzecz innych:

____

____

Ciało

Sposoby na to, by zapewnić sobie zdrowy dotyk i czułość:

____

____

____

Plan na wystarczającą ilość snu (zmęczenie powoduje większe trudności):

____

Plan na zdrowe odżywianie (będziesz mieć więcej trudności, jeśli będziesz się źle odżywiać):

____

____

____

Ćwiczenia fizyczne:

____

Tworzenie więzi

Dorośli mentorzy, których podziwiam i którzy mogliby spędzać ze mną czas:

____

____

____

Aktywności, które mogę wykonywać z mentorami:

____

____

____

Młodzi mężczyźni, z którymi chciałbym nawiązać relację:

____

____

____

Aktywności, które mogę wykonywać razem z innymi młodymi mężczyznami:

____

____

Zdrowa męskość

Aktywności, których mogę się nauczyć i które pomogą mi poczuć się pewnie:

____

____

Talenty, które mogę rozwijać i które pomogą mi poczuć się pewnie:

____

____

Inne:

____

____

____

____

Konsultacja

Znajdź dorosłych i przyjaciół, z którymi możesz się skonsultować. Sugeruję, żebyś opowiedział o czterech obszarach Twojego zdrowienia: Koledzy, Mentorzy, Męskość i Ciało. Poniżej znajduje się karta konsultacyjna, z której możesz skorzystać. Znajdziesz tam zarówno przykład, jak i pustą kartę, którą możesz sobie skopiować.

<table>
<tr><td colspan="2"><h2>Cztery obszary zdrowienia   PRZYKŁAD</h2></td></tr>
<tr><th>MENTORZY</th><th>KOLEDZY</th></tr>
<tr>
<td>(Relacje ze starszymi lub mądrzejszymi mężczyznami, którzy mogą cię poprowadzić)</td>
<td>(Relacje z rówieśnikami płci męskiej, którzy pomagają wzmocnić poczucie przynależności - „jeden z kumpli")</td>
</tr>
<tr>
<td>

- *Zapytałem tatę, czy mógłby nauczyć mnie łowić ryby.*
- *Ksiądz poświęcił mi czas na rozmowę o moich zmaganiach.*
- *Spotkałem się ze swoim starszym bratem i powiedziałem mu, że potrzebuję jego pomocy.*

</td>
<td>

- *Wybrałem się z nowymi kolegami na finał rozgrywek Superbowl.*
- *Zaprosiłem chłopaka ze szkoły na golfa.*
- *Pojechałem z kumplami na kemping.*

</td>
</tr>
<tr><th>ZDROWA MĘSKOŚĆ</th><th>CIAŁO</th></tr>
<tr>
<td>(Utwierdzanie się w zdrowej męskości)</td>
<td>(Kwestie takie jak czułość, wstyd związany z ciałem, okazywanie emocji, ciekawość)</td>
</tr>
<tr>
<td>

- *Zapisałem się do szkółki softballu.*
- *Poszedłem z tatą poćwiczyć grę w baseball.*
- *Zacząłem chodzić na siłownię z mentorem.*
- *Normalnie przebrałem się w szatni przed zajęciami WF-u, choć tego wcześniej unikałem.*
- *Wziąłem udział w meczu koszykówki.*

</td>
<td>

- *Poprosiłem tatę, żeby mnie przytulił.*
- *Przybiłem piątkę z kolegami.*
- *Uściskałem kumpli po spotkaniu.*
- *Pojechałem na biwak i poszedłem popływać ze wszystkimi.*
- *Pozwoliłem sobie na płacz w obecności wujka.*

</td>
</tr>
</table>

Konsultacja
Cztery obszary zdrowienia

MENTORZY	KOLEDZY
(Relacje ze starszymi lub mądrzejszymi mężczyznami, którzy mogą cię poprowadzić)	(Relacje z rówieśnikami płci męskiej, którzy pomagają wzmocnić poczucie przynależności - „jeden z kumpli")

ZDROWA MĘSKOŚĆ	CIAŁO
(Utwierdzanie się w zdrowej męskości)	(Kwestie takie jak czułość, wstyd związany z ciałem, okazywanie emocji, ciekawość)

Barometr

„Barometr" jest narzędziem podobnym do barometru pogodowego. Kiedy ciśnienie atmosferyczne wzrasta, wiadomo, że będzie padać. Podobnie, gdy wzrasta ciśnienie emocjonalne, często wzrasta napięcie seksualne. Kiedy potrzeby przywiązania są zaspokajane w zdrowy sposób, problemy emocjonalne są rozwiązywane, a inne zranienia zostają wyleczone, ciśnienie spada, a napięcie seksualne zwykle maleje.

Skorzystaj z poniższego narzędzia, aby przeanalizować wydarzenia, które mogą nasilać Twoje napięcie.

- Zakreśl kółkiem liczbę, która odpowiada sile Twojego napięcia (jeden oznacza bardzo słabe, a dziesięć bardzo silne).

- Zastanów się nad tym, co się ostatnio wydarzyło i określ, czy miały miejsce wydarzenia, które otworzyły stare zranienia lub pozostawiły Cię z emocjonalnym konfliktem lub niepokojem.

- Wymień te wydarzenia po prawej stronie strony w sekcji „Sprawy, które budzą niepokój".

- Następnie, na samym dole, wymień rzeczy, które możesz zrobić, aby zaspokoić potrzebę więzi i złagodzić emocjonalny ból. Są to rzeczy, które zmniejszają napięcie emocjonalne.

Przykład na następnej stronie dobrze to ilustruje. Warto poświęcić temu trochę czasu. Być może będziesz chciał regularnie wypełniać arkusz barometru i omawiać go ze swoim mentorem lub terapeutą.

Barometr

<table>
<tr><th></th><th colspan="2">SPRAWY, KTÓRE BUDZĄ NIEPOKÓJ</th></tr>
<tr><td rowspan="5">Duże zmartwienie ↑</td><td>10</td><td></td></tr>
<tr><td>9</td><td></td></tr>
<tr><td>8</td><td>Ciągle porównywałem się w szkole z innymi chłopakami.</td></tr>
<tr><td>7</td><td>Czułem się naprawdę samotny - rodzice powiedzieli mi, żebym poradził sobie sam.</td></tr>
<tr><td>6</td><td>Czułem zazdrość, kiedy patrzyłem, jak chłopaki grają w koszykówkę na lekcji WF-u.</td></tr>
<tr><td rowspan="5">Małe zmartwienie ↓</td><td>5</td><td>Obserwowałem piłkarzy jedzących razem lunch i szczerze zazdrościłem im ich przyjaźni.</td></tr>
<tr><td>4</td><td>Czułem się w szatni jak ktoś gorszy, ponieważ nie mam silnych muskułów.</td></tr>
<tr><td>3</td><td>Chłopaki wyśmiewali się ze mnie w szkole.</td></tr>
<tr><td>2</td><td>Byłem bardzo zły na mojego tatę i nie mogłem przestać o tym myśleć.</td></tr>
<tr><td>1</td><td>Tata powiedział mi, że jestem głupi.</td></tr>
</table>

Plan zmniejszenia presji:

Mam zamiar spędzić trochę czasu z wujkiem i porozmawiać - on potrafi słuchać. Spróbuję zaplanować wypad na ryby z nowym kolegą Andrew - zaproponował, że nauczy mnie łowić ryby - zawsze chciałem się tego nauczyć. Zadzwonię do innego kolegi i pójdę na siłownię, aby poczuć się częścią grupy. Skorzystam z zaproszenia grupy młodzieżowej i pójdę do kina w piątek - poczuję się częścią grupy. Poproszę Tait, by mnie przytulił.

POWRÓT DO PEŁNI ŻYCIA

Barometr

<table>
<tr><td></td><td colspan="2">SPRAWY, KTÓRE BUDZĄ NIEPOKÓJ</td></tr>
<tr><td rowspan="5">Duże zmartwienie ↑</td><td>10</td><td></td></tr>
<tr><td>9</td><td></td></tr>
<tr><td>8</td><td></td></tr>
<tr><td>7</td><td></td></tr>
<tr><td>6</td><td></td></tr>
<tr><td rowspan="5">Małe zmartwienie ↓</td><td>5</td><td></td></tr>
<tr><td>4</td><td></td></tr>
<tr><td>3</td><td></td></tr>
<tr><td>2</td><td></td></tr>
<tr><td>1</td><td></td></tr>
</table>

Plan zmniejszenia presji:

____

____

____

____

Uchwyć – Nazwij - Działaj

Czasami jakaś konkretna sytuacja lub osoba wywołuje określone myśli lub uczucia. Być może te sytuacje lub osoby wywołują w nas napięcie czy zmartwienie. Narzędzie UND może Ci pomóc zrozumieć podtekst emocjonalny i presję, która wyzwala ten stan.

U – Uchwyć:

Prawie zawsze pod napięciem kryje się jakiś przekaz. Bóg komunikuje Ci coś ważnego. Poświęć chwilę, by uchwycić jakieś głębsze wewnętrzne przesłanie.

N - Nazwij:

Jakie przesłanie kryje się pod danym napięciem? Napięcie informuje o emocjach, potrzebach i zranieniach. Czy to możliwe, że patrzysz na innego faceta i czujesz zazdrość z powodu jego wyglądu? Czy to możliwe, że odczuwasz zazdrość patrząc, jak inni mężczyźni uprawiają sport lub wykonują ćwiczenia fizyczne? Czy to możliwe, że odczuwasz głębokie osamotnienie, gdy patrzysz, jak chłopcy przekomarzają się między sobą?

D - Działaj:

Po zidentyfikowaniu przekazu musisz przejść do działania. Jeśli była to zazdrość, znajdź kreatywne rozwiązania, aby sobie z nią poradzić. Być może była to zazdrość o wysportowaną sylwetkę innych młodych mężczyzn, więc określ cele, które pozwolą Ci jej zaradzić. Jeśli chodziło o samotność, być może będziesz musiał zawrzeć przyjaźnie z innymi kolegami i mentorami. Jeśli nie zajmiesz się tymi komunikatami, Twoje napięcie nie zmniejszy się.

U.N.D.

Uzupełniaj ten arkusz tak często, jak będzie to potrzebne, aż będziesz potrafił robić to w myślach.

<table>
<tr>
<td>U</td>
<td>(UCHWYĆ) Powiedz coś, aby przyjąć ten przekaz do wiadomości:

Moje napięcie jest w tej chwili bardzo duże, gdy patrzę, jak w kościele ojciec obejmuje ramieniem swojego nastoletniego syna.
</td>
</tr>
<tr>
<td>N</td>
<td>(ZIDENTYFIKUJ) O co chodziło w tym przekazie?

Moje pragnienie ojca nigdy nie zniknęło. Nadal bardzo brakuje mi w życiu dorosłej osoby, która by się o mnie troszczyła i chciała być przy mnie.

To napięcie wynika z mojej niezaspokojonej potrzeby posiadania ojca.
</td>
</tr>
<tr>
<td>D</td>
<td>(DZIAŁAJ) Co możesz zrobić, aby zająć się tym przekazem?

Zadzwonię do swojego wujka Steve'a i zapytam, czy mógłby spędzić ze mną trochę czasu. Zamierzam szczerze porozmawiać z nim o tym, jak trudno było mi z tym, że nie było przy mnie ojca. Może nawet poproszę go, żeby mnie przytulił.
</td>
</tr>
</table>

U	**(UCHWYĆ)** Powiedz coś, aby przyjąć ten przekaz do wiadomości:
N	**(ZIDENTYFIKUJ)** O co chodziło w tym przekazie?
D	**(DZIAŁAJ)** Co możesz zrobić, aby zająć się tym przekazem?

Notatki

O autorze

Floyd Godfrey posiada tytuł doktora seksuologii klinicznej i jest licencjonowanym profesjonalnym doradcą (LPC). Jest certyfikowanym terapeutą uzależnienia od seksu (CSAT) i certyfikowanym seksuologiem klinicznym (CCS). Swoje wykształcenie zdobywał w Międzynarodowym Instytucie Seksuologii Klinicznej, na Uniwersytecie Stanowym Arizony oraz na Uniwersytecie Ottawa. Przez osiem lat pracował w Tempe Social Services jako osoba nadzorująca pomoc dzieciom w wieku szkolnym i ich rodzinom.

Floyd jest założycielem HOPE Mental Health Foundation, organizacji non-profit, która zapewnia wsparcie finansowe i programy dla osób potrzebujących pomocy w zakresie zdrowia psychicznego. Zasiada również w radzie pedagogicznej Canyon State Academy, szkoły stacjonarnej dla młodzieży z grupy ryzyka. Jest dyrektorem programu Sexual Addiction & Betrayal Trauma Recovery (SABR), czyli interwencji klinicznej dla mężczyzn uzależnionych od seksu i ich partnerek. Prowadzi również program Band of Brothers, który jest formą interwencji klinicznej dla dorastających chłopców z problemem kompulsywnych zachowań seksualnych. Jest członkiem SASH (Society for the Advancement of Sexual Health) i AACC (American Association of Christian Counselors). Obecnie pełni funkcję dyrektora wykonawczego w Family Strategies Counseling Center, gdzie szkoli i nadzoruje personel kliniczny oraz stażystów akademickich. Pracuje w niepełnym wymiarze godzin w ośrodku, udzielając indywidualnych porad dorosłym, młodzieży i całym rodzinom.

Floyd jest żonaty od trzydziestu lat ze swoją żoną, Kaleen i razem wychowali trójkę wspaniałych dzieci. Chociaż Floyd jest zaangażowany w działalność kliniczną, zachowuje swój osobisty światopogląd biblijnego życia i wierzy, że wiara w Boga jest ważna dla duchowego wyzdrowienia. Floyd jest świadomy, że potrzebuje Zbawiciela i przyjął Jezusa Chrystusa do swojego życia.

Bibliografia

Baer, G. (2003). *Real love: The truth about finding unconditional love and fulfilling relationships*. New York: Gotham Books

Bailey, J. M., & Pillard, R. C. (1991). *A Genetic Study of Male Sexual Orientation. Archives of General Psychiatry*, 48(12), 1089 https://pubmed.ncbi.nlm.nih.gov/1845227

Benedict, F. (2017). *Life After Lust - Stories & Strategies for Sex & Pornography Addiction Recovery*. Visionary Books

Benjamin, B. & Werner R. (bd.). *The Primacy of Human Touch, HEALTH Newsletter*. https://benjamininstitute.com/public/media/pdfs/the-primacy-of-human-touch.pdf

Bothe, B., Toth-Kieraly, I., Potenza, M., Gabor, O., & Demetrovics, Z. (2020). *High-Frequency Pornography Use May Not Always Be Problematic. The Journal of Sexual Medicine*, 1–20. https://pubmed.ncbi.nlm.nih.gov/32033863/

Brotherson, L. (bd.). *StrengtheningMarriage.com* https://www.strengtheningmarriage.com.

Carnes, P. (1994). *Contrary to love: Helping the sexual addict*. Center City, MN: Hazelden Foundation

Carnes, P., & Carnes, P. (2001). *Out of the shadows: Understanding sexual addiction*. Center City, MN: Hazelden Information & Edu.

Crawford, D. (1998). *Easing the Ache: Gay men recovering from compulsive behaviors*. Center City, Minn: Hazelden.

Cooper, Delmonico, and Burg, *Cybersex Users, Abusers, and Compulsives: New Findings and Implications, Sexual Addiction and Compulsivity: The Journal of Treatment and Prevention* 7, nr 1-2 (2000),

Diamond, L. M. (2009). *Sexual fluidity: Understanding women's love and desire*. Cambridge, MA: Harvard University Press.

Dobson, J. C. (2005). *Bringing up boys*. Carol Stream, IL: Tyndale House

Dusek, D. (2015). *Rough Cut Men - A Man's Battle Guide to Building Real Relationships with Each Other and with Jesus. Issaquah, WA: Made For Success Publishing*

Ethridge, S. (2012). *The Fantasy fallacy: Exposing the deeper meaning behind sexual thoughts. Waterville, Me.: Christian Large Print Originals*

Fitzgibbons, R., MD. (bd.). *Library: The Origins and Healing of Homosexual Attractions.* https://www.catholicculture.org/culture/library/view.cfm?id=3112

Flores, P. J. (2012). *Addiction as an attachment disorder. Lanham: Jason Aronson*

Greene, M. (7.08.2017). *Touch Isolation: How Homophobia Has Robbed*

All Men of Touch. https://remakingmanhood.medium.com/touch-isolation-how-homophobia-has-robbed-all-men-of-touch-239987952f16, https://goodmenproject.com/featured-content/megasahd-touch-isolation-how-homophobia-has-robbed-men-of-touch

Grubbs, J. B., Carlisle, R., Hook, J., Pargament, K., & Exline, J. J. (01.2015). *Transgression as addiction: religiosity and moral disapproval as predictors of perceived addiction to pornography. Archives of sexual behavior.* https://pubmed.ncbi.nlm.nih.gov/24519108

Hockenberry, S.L. & Billingham, R.E. (1988). *Sexual orientation and boyhood gender conformity: Development of the Boyhood Gender Conformity Scale (BGCS). Archives of Sexual Behavior, 17(3), s. 287-288. doi: 10.1007/bf01541748.*

Grubbs, J. B., Carlisle, R., Hook, J., Pargament, K., & Exline, J. J. (01.2015). *Transgression as addiction: religiosity and moral disapproval as predictors of perceived addiction to pornography. Archives of sexual behavior.* https://pubmed.ncbi.nlm.nih.gov/24519108/

Grubbs, J.B & Perry, S. (2018). *Moral Incongruence and Pornography Use: A Critical Review and Integration. The Journal of Sex Research, 1-34.* https://doi.org/10.1080/00224499.2018.1427204

Grubbs, J., & Gola, M. (2019). *Is Pornography Use Related to Erectile Functioning? Results From Cross-Sectional and Latent Growth Curve Analyses. The Journal of Sexual Medicine, 16(1), 111–125.* https://pubmed.ncbi.nlm.nih.gov/30621919/

How Porn Can Affect the Brain Like a Drug https://fightthenewdrug.org/how-porn-can-affect-the-brain-like-a-drug/

Hunt, J. (reż.). (2017). Absent - One Man Makes a World of Difference. USA: Time & Tide Productions

Karges, C. (23.08.2016). Attachment Issues & Sexuality. https://www.addictionhope. com/blog/attachment-issues-sexuality.

Kastleman, M. B. (2001). The drug of the new millennium: The science of how internet pornography radically alters the human brain and body. Orem, UT: Granite Pub

Katehakis, A. (2010). Erotic intelligence: Igniting hot, healthy sex while in recovery from sex addiction. Deerfield Beach, FL: Health Communications

Katehakis, A. (2016). Sex addiction as affect dysregulation: A neurobiologically informed holistic treatment. New York: W. W. Norton & Company

Kirk, M., & Madsen, H. (1990). After the ball: How America will conquer its fear and hatred of gays in the 90s. New York: Plume

King, N. (2000). Childhood Sexual Trauma in Gay Men. Journal of Gay & Lesbian Social Services,12(1-2), 19-35.

van der Kolk, B. A. (06.1989). The compulsion to repeat the trauma. Re-enactment, revictimization, and masochism. https://www.ncbi.nlm.nih.gov/pubmed/2664732

Kort, J., & Morgan, A. P. (2014). Is my husband gay, straight, or bi?: A guide for women concerned about their men. Lanham: Rowman & Littlefield

Love, T. L. (2017). Finding Peace - A Workbook on Healing from Loss, Neglect, Rejection, Abandonment, Betrayal and Abuse. Yuma, AZ: Love and Light Publishing

Martinez, L. (10.02.2017). Professor strikes down 'born this way' argument for homosexuality. https://badgerherald.com/news/campus/2017/02/10/professor-strikes-down-born-this-way-argument-for-homosexuality/

McKay, B. & McKay, K. Bosom Buddies: A Photo History of Male Affection. https:// www.artofmanliness.com/people/relationships/bosom-buddies-a-photo-history-of-male-affection/

Moberly, E. R. (2006). Homosexuality: A New Christian Ethic. Lutterworth Press

---

Molitor, B. D. (2001). *A Boy's Passage - Celebrating Your Son's Journey to Maturity.* Colorado Springs, CO: WaterBrook Press

Mooney, C. G. (2010). *Theories of attachment: An introduction to Bowlby, Ainsworth, Gerber, Brazelton, Kennell, and Klaus.* St. Paul, MN: Redleaf Press.

Neurosurgeon Dr. Donald Hilton Reveals Shocking Scientific Truths About Porn. https://fightthenewdrug.org/neurosurgeon-dr-donald-hilton-reveals-shocking-scientific-truths-about-porn/

Pollack, W. S. (1999). *Real boys: Rescuing our sons from the myths of boyhood.* New York: Henry Holt and Company

Robinson, J., Dr. (bd.). *Understanding Unwanted Same-Sex Attraction.* http://theguardrail.com/files/Understanding_Unwanted_Same-Sex%20Attraction.pdf

Ryan, T. C. (2012). *Ashamed No More: A Pastors Journey Through Sex Addiction.* InterVarsity Press

Savin-Williams, R. C. (2017). *Mostly straight: Sexual fluidity among men.* Cambridge, MA: Harvard University Press

Sex Addicts Anonymous (2017). Houston, TX: International Service Organization SAA

Timms, R. J., & Connors, P. (1999). *Embodying healing: Integrating bodywork and psychotherapy in recovery from childhood sexual abuse.* Brandon, VT: Safer Society Press

Voon, V., Mole, T.B., Banca, P., Porter, L., Morris, L., Mitchell, S., … Irvine, M. (11.07.2014). *Neural correlates of sexual cue reactivity in individuals with and without compulsive sexual behaviours.* https://pubmed.ncbi.nlm.nih.gov/25013940

Ward, J. (2016). *Not Gay - Sex Between Straight White Men.* Paw Prints

Weiss, R., & Schneider, J. P. (2015). *Always turned on: Sex addiction in the digital age.* Carefree, AZ: Gentle Path Press

Weiss, R. (2015). *Sex addiction 101: A basic guide to healing from sex, porn, and love addiction.* Deerfield Beach, FL: Health Communications

What's the Average Age of Someone's First Exposure to Porn (4.05.2018), https://fightthenewdrug.org/real-average-age-of-first-exposure/

Wilson, G. (2017). Your brain on porn: Internet pornography and the emerging science of addiction. Margate, Kent, United Kingdom: Commonwealth Publishing

Wright, L. B., & Loiselle, M. B. (1997). Back on track: Boys dealing with sexual abuse. Brandon: Safer Society Press

„Przeciwności losu wzmacniają mężczyznę, a cechą dobrego czy wielkiego człowieka nie jest to, że nie doświadczył żadnego zła w swoim życiu, ale to, że je przezwyciężył"

–Patrick Henry

www.ingramcontent.com/pod-product-compliance
Lightning Source LLC
Chambersburg PA
CBHW060113120726

48003CB00009B/2623